法學啟蒙叢書

民法系列——

委　任

Mandate

Mandate

Mandate

■ 王怡蘋　著

Civil Law

三民書局

國家圖書館出版品預行編目資料

委任 / 王怡蘋著. －－初版一刷. －－臺北市: 三民,
2018
面; 公分. －－(法學啟蒙叢書)

ISBN 978－957－14－6347－6 (平裝)
1. 委任 2. 契約

584.39   106020732

ⓒ 委　任

著 作 人	王怡蘋
責任編輯	沈家君
美術設計	吳柔語
發 行 人	劉振強
著作財產權人	三民書局股份有限公司
發 行 所	三民書局股份有限公司
	地址　臺北市復興北路386號
	電話　(02)25006600
	郵撥帳號　0009998－5
門 市 部	(復北店) 臺北市復興北路386號
	(重南店) 臺北市重慶南路一段61號
出版日期	初版一刷　2018年1月
編　　號	S 586300

行政院新聞局登記證局版臺業字第○二○○號

有著作權·不准侵害

ISBN　978-957-14-6347-6　(平裝)

序

　　轉眼間回國多年，每天忙碌於教學、研究與各式行政事務間，雖然一直想撰寫書籍，卻也一直擱置，感謝三民書局的邀約與編輯同仁溫柔的「提醒」，終於讓「委任」一書能完成。

　　教學期間，感受到學生的認真與努力，但大部分的學生並非對這學門產生疑問而想求知，甚為可惜，因為疑問而生的求知欲，更能策動人不斷思索、辯證。而法律學門的疑問主要來自於當事人間的利益衝突，因此，本書中大量引用判決中的案例，希望能藉此呈現當事人間的利益衝突，從而引發讀者的求知欲。

　　最後，感謝劉彥伯擔任助理期間，悉心協助蒐集相關判決，以及因此所產生的許多討論。此外，感謝編輯用心校稿，提供許多寶貴建議。惟內容難免有疏漏或不盡周延，尚請不吝指正。

王怡蘋　2017.11.16

目次 委任

序

第一章　導　論
1

第二章　意義與性質
3

壹、委任契約之意義
3
一、勞務契約
3
二、處理他人事務
9

貳、委任契約之性質
11
一、債權契約
11
二、典型契約（有名契約）
11
三、有償契約或無償契約
13
四、雙務契約或不完全雙務契約
14
五、繼續性契約
15

參、與其他契約之區別
16
一、僱傭契約
16
二、承攬契約
18

肆、委任契約與代理權之授與
27
一、委任契約不必然使受任人享有代理權
27
二、代理權授與是否因委任契約無效而受影響？
27
三、自己代理或雙方代理之情形
28

伍、其他勞務給付之非典型契約
32
一、非典型化契約之補充規定
32

二、不動產經紀契約   35

三、保險經紀契約   36

四、信用卡契約   37

第三章　契約之成立   *39*

壹、原　則   39

貳、擬制規定   40

一、承受委託處理一定事務之公然表示   41

二、不即為拒絕之通知   41

參、處理權或代理權之授與   42

第四章　受任人之義務   *45*

壹、事務處理義務   45

一、委任範圍   45

二、事務處理原則   57

三、讓與委任事務處理請求權   79

貳、報告義務   79

一、報告委任事務進行之狀況   80

二、事務終止顛末之報告   80

參、利益交付義務   81

一、金錢、物品及孳息之交付   81

二、權利移轉   84

三、違反移轉義務之效果 89

肆、使用金錢所生支付利息與賠償損害之責任 91

一、支付利息 91

二、賠償損害 92

伍、其他義務 97

一、保密義務 97

二、避免利益衝突 98

第五章　受任人債務不履行之責任　　99

壹、對委任人之責任 99

一、民法第 544 條規定 99

二、民法第 544 條與第 227 條之關係 100

貳、對第三人之責任 110

一、受任人提供錯誤資訊致第三人受損 110

二、德國學說見解 112

第六章　委任人之義務　　115

壹、報酬給付義務 115

一、有償委任契約 115

二、報酬之給付時間 115

貳、費用償還義務 123

一、費用之預付 124

二、費用之償還 125

三、債務清償 131

參、損害賠償義務 133

一、損害賠償責任 133

二、對第三人之求償權 134

第七章　契約之結束 139

壹、任意終止 139

一、終止權之行使 139

二、終止權之拋棄 140

三、損害賠償 142

貳、法定消滅事由 150

一、消滅事由 150

二、委任關係繼續之例外 152

三、法律效果 153

四、繼續處理事務之義務 154

五、擬制委任關係 155

參考文獻 159

第一章 導 論

　　學生在學習委任契約時，首先會面臨的問題是契約定性。由於勞務契約中以委任契約、承攬契約與僱傭契約三類為基本且常見之典型，然而三者之契約內容與雙方當事人間之權利與義務大不相同，因此，在修習債編各論之勞務契約時，必然以此三類型為主要範疇，而三者間之區別標準則成為重要之研習課題。若以光譜來描述的話，僱傭契約處於光譜的一端，非常強調受僱人對於僱用人之從屬關係；承攬契約則處於光譜的另一端，承攬人擁有高度的自主性；而委任契約則落在前面二者中間的某處，一方面應本其專業與經驗為委任人處理事務，另一方面必須遵從委任人之指示。由此亦可見委任契約之多樣性與複雜性，不可不注意。或許基於委任契約於立法時即考量之多樣性，民法第 529 條規定：「關於勞務給付之契約，不屬於法律所定其他契約之種類者，適用關於委任之規定。」在現今越來越多無名契約，且越來越重視提供服務之情形下，就各無名契約之性質而言，是否均適合委任之規定，已不無疑問，惟深入探討此項議題前，更應先確實掌握委任契約之性質、特徵與法律效果。

　　其次是複委任與替代處理。隨著社會朝向分工日趨細密、組織日趨複雜的方向發展，委任事務之處理或類似契約之事務處理上，受任人除將委任事務交由旗下員工處理外，亦可能交由其他人處理，然若因事務處理不當致委任人受有損害時，受任人是否均須負賠償責任，亦屬於值得關注的問題。

　　較為大家忽略的是委任規定與債總規定之關係，特別是與債務不履行之關係。雖然基於特別法優先於普通法原則，債各之規定應優先適用，然如物之瑕疵擔保責任與不完全給付間之糾葛則為民事財產法長久以來的經典議題，相關論著無論在質或量上均相當可觀，相對於此，委任契約中關於義務違反之規定與不完全給付之關係則少有論述，但在實務上卻非不具有重要性。

目前物之瑕疵擔保規定與不完全給付已進入修法階段，期盼在此次修法中能解決長久以來的困擾，也期盼在更多人關注委任契約之相關法規範之適用關係下，亦能解決其間之問題。

最後，關於本書之撰寫模式。由於法規之目的在於處理實際生活中所發生之事件，因此，法院判決成為重要的研習資料，一方面可藉此瞭解常見之紛爭，以及藉此檢驗法規在適用解決問題上之妥適性，另一方面亦可瞭解法院適用相關法規之情形與態度。因此，本書收錄部分判決，其中部分放置於條文論述中，以與條文說明相互呼應；另一部分判決則改編成案例，以顯現其間之法律關係，並期望使讀者透過案例運用、思考相關之法律規範。再者，由於案例多涉及民事財產法之法規，而不以委任之規定為限，因此，本書在案例說明的部分，先以請求權基礎呈現當事人間法律關係之輪廓，再就與委任契約相關之部分加以說明。以請求權基礎思考當事人間之法律關係，其優點之一在於所呈現之法律關係相當符合當事人維護其權益之方式以及可能採行之訴訟方式。另一項優點則是請求權基礎具有提綱挈領之功能，分別依其法律要件與法律效果論述當事人間之法律關係，並援引所需之其他條文以資說明即可，可避免許多學生於研習民法過程中遇到之困擾，即常因條文過多，而不知從何著手，或始終遺漏部分條文（爭點）。

至於在比較法研究之對象選取上，由於我國民法肯任委任契約得為有償契約，而德國之委任契約僅限於無償契約，因此，在相關之利益衡量與立法評價上多有不同，故德國之相關規定並非為最適當之研究對象。相對於此，瑞士債法之委任契約可為有償或無償契約，在性質上與我國相同，而其債之關係的體系結構與德國相去不遠，因此，更適於作為比較法研究之對象，故本書在論述上多有參照瑞士債法之相關規定與實務運作，以提供更多的思考與討論。然另一方面考量本書並非研究專論，因此，無論在參考瑞士或德國之法規範上，均以法規與實務判決為主要對象，相關學理之探討留待未來以專文或專書呈現。

第二章　意義與性質

壹、委任契約之意義

一、勞務契約

　　所謂委任契約，依民法第 528 條規定：「稱委任者，謂當事人約定，一方委託他方處理事務，他方允為處理之契約。」係以為他人處理事務為契約內容，故屬於勞務契約之一種型態。

　　所謂勞務契約泛指所有以提供勞務為內容之契約，包含僱傭契約、承攬契約、出版契約、委任契約、居間契約等，而有別於以財產為契約標的之契約，如買賣契約、贈與契約、租賃契約等。由於勞務契約著重提供勞務者之特質，如專業能力、知識、經驗等，因此多具有專屬性，即應由契約當事人提供勞務，而不得任意由其他人代為履行契約，例如民法第 484 條第 1 項針對僱傭契約，謂：「僱用人非經受僱人同意，不得將其勞務請求權讓與第三人，受僱人非經僱用人同意，不得使第三人代服勞務。」民法第 537 條針對委任契約，謂：「受任人應自己處理委任事務。但經委任人之同意或另有習慣或有不得已之事由者，得使第三人代為處理。」均為勞務專屬性之具體規定。

　　相對於此，以財產為契約標的之契約著重於契約客體，是否著重契約主體需視當事人之約定而定，但其對於契約主體之重視程度亦無法與勞務契約相提並論，故無勞務專屬性之問題。至於民法第 347 條規定，關於買賣契約之規定，除契約性質所不許者外，於買賣契約以外之有償契約準用之，但基於上述勞務契約與以財產為契約標的之契約在性質上之差異，對於非典型之勞務契約不應準用民法第 347 條之規定，從而於民法第 529 條另作規定。

案例 2-1

　　甲對乙有 890 萬元之債權未受清償，因此委託丙代為追討，並訂定書面契約，其中部分約款為：「第一條：甲願就其對乙之股金返還請求權、損害賠償請求權等一切權利，出具『債權讓與契約書』，名目上均讓與丙所有，以便丙為甲之利益代為處理上開債權。惟甲仍保有上開權利之所有權。第二條：丙代為處理上開甲之債權，甲應給付丙百分之參拾，給付時間為：甲取得款項之時。」嗣後，丙取回 684 萬元債款，交付於甲時，要求甲支付對應之報酬 205 萬 2 千元。甲認為丙不具備律師資格，且契約內容違反公序良俗，而拒絕給付報酬。丙因此提起訴訟，請求甲依約定給付報酬，並備位聲明，縱若認為契約無效，亦應支付丙代墊之律師費 5 萬元，及依民法第 547 條支付報酬。

說　明

壹、請求權基礎

一、丙得否向甲依委任契約請求給付報酬？

㈠法律要件：

　1.成立委任契約（見貳）

　2.性質為有償委任：約定報酬或依民法第 547 條應支付報酬（見參）

　3.委任事務處理完畢並報告顛末：民法第 548 條第 1 項

㈡法律效果：請求報酬

二、丙得否向甲依民法第 546 條第 1 項請求償還必要費用？

㈠法律要件：

　1.成立委任契約

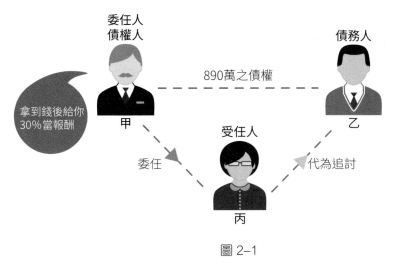

圖 2-1

2.處理委任事務所生之必要費用

(二)法律效果：償還必要費用

貳、委任契約

甲委託丙代為追討未受清償之債權，雙方就契約內容意思表示一致，委任契約即為成立，但甲主張丙不具有律師資格，而拒絕支付約定報酬。甲丙間之契約是否以丙具備律師資格為成立之要件，應依民法第98條探求當事人真意，對於有相對人之意思表示，應以客觀上之表示價值作為認定依據❶，即甲是否向契約相對人表示律師資格為簽訂契約之要件，應自客觀受領人之角度而言，在丙足以瞭解此項資格為契約成立之要件時，方得認為律師資格為甲丙締約之要件，否則丙是否具備律師資格並不影響契約成立。

準此，若認定丙具備律師資格為締約之要件，則於甲符合民法第88條、第92條之規定時，例如非因甲之過失而誤認丙具備律師資格，或受丙之詐欺、脅迫訂定該契約等，始得撤銷契約。撤銷權人須於除斥期間內行

---

❶ 王澤鑑，民法總則，2014年2月3版，頁454–455。

使其撤銷權，除斥期間經過後，撤銷權消滅，該契約即不得再為撤銷（民法第90條、第93條參照）。契約若經撤銷，即溯及既往失去效力（民法第114條第1項參照）。

至於甲丙契約之定性，就其約定內容而言，甲委託丙代為追討未受清償之債權，追討方式、進程等事宜均由丙權衡處理，而不受甲指揮監督，依其性質而言，應屬於委任契約。

參、有償委任之約定

一、契約約定報酬

甲丙之委任契約約定有報酬之給付，故為有償委任契約。但問題在於契約約定之報酬為所收取債權之30%，此項約定是否有效。

㈠最高法院判決：代為找人作證之報酬約定無效

值得注意的是最高法院95年度臺上字第2928號判決謂：「按訴訟權係人民在司法上之受益權，旨在確保人民有依法定程序提起訴訟及受公平審判之權益，不容他人從中牟取利益。故對涉訟之人，提供證據資料或允諾負擔費用，而與之約定應於勝訴後給予訟爭標的物之一部分或其價額之若干比例，即與公序良俗有違，依民法第七十二條規定，應屬無效。」此段論述多為其他法院判決所引用，惟此則判決之法律事實為被上訴人於其夫張〇〇死亡後，因張〇〇與前妻所生之子女等人否認其有繼承權，乃對其提起確認繼承權存在訴訟。上訴人為張〇〇之女婿，知悉被上訴人與張〇〇結婚之事實，遂與被上訴人簽立契約書，約定由上訴人幫被上訴人找律師及證人出庭，被上訴人於獲得勝訴判決並取得張〇〇之遺產後，應將其繼承土地二分之一移轉登記與上訴人所有。因此，原審之臺灣高等法院臺中分院謂：「按作證為國民之義務，上訴人如經法院傳喚必須據實陳述，法院亦會追問在場尚有何人在場見聞，上訴人以作證義務，要求被上訴人於獲

勝訴判決時給付高額報酬，有違國家社會一般利益，及道德觀念，且有背於公共秩序及善良風俗，依民法第七十二條規定應屬無效。」故上述最高法院之論述係針對**訴訟中代為找人作證之報酬約定**而言，與案例中甲丙之契約約定有別，可否援引上述判決而認為甲丙之約定無效，容有疑問。

⑵本案之處理

觀察案例中甲丙之契約內容，其係以追討未受清償之債權為內容，故以訴訟方式追討未受清償之債權並非唯一之方式，但於協商、催收等方式未果後，確為可能採行之方式。因此，就甲丙之約定而言，應考量以下二點：⑴可否委託不具有律師資格者追討未受清償之債權？⑵受任人雖不具有律師資格，但可否參酌律師倫理規範之相關規定作為判斷依據？

就第一點而言，臺灣高等法院103年度上字第825號判決以「上訴人不具律師資格，卻意圖營利而為被上訴人辦理訴訟案件，且約定被上訴人於取得債權即勝訴後，應給付上訴人該債權百分之三十之比例作為報酬，即與公序良俗有違」為理由，認為此類約定依民法第72條規定為無效，顯採否定見解。但由於我國多數案件並未採強制律師制度，因此，可否逕因受任人不具有律師資格且收取報酬，即認定其約定違反公序良俗，似有疑慮，而應進一步檢視其相關之約定內容，以為判斷。

就第二點而言，依律師倫理規範第35條第2項規定，就家事、刑事案件或少年事件，律師不得依結果約定後酬，理由在於此三類案件具有濃厚之公益性質與社會共同之考量，而非僅私益案件，因此，避免以結果約定後酬而忽略其公益性質❷。依此反面推論，非屬於此三類之其餘案件則應可約定後酬。依此檢視本案甲丙之約定，關於後酬之約定，似無不可。至於報酬之高低，目前似基於契約自由，而未有限制。準此，甲丙關於後酬之約定似無違反公序良俗。

---

❷　劉宏恩，律師我要怎麼付你錢？律師酬金的倫理規範，月旦法學教室，145期，2014年11月，頁37。

㈢若報酬約定違反公序良俗之法律效果

惟若此項約定因違反公序良俗而無效時，應進一步說明的是此時該約定是否影響契約整體效力，抑或是僅限於計算報酬之約定無效。依民法第111條規定，法律行為之一部分無效者，若除去該部分，契約亦能成立者，則契約之其他部分仍為有效；反之，若除去該部分，契約即不能成立者，則契約全部無效。因此，案例中關於報酬約定之條款雖然無效，但是否致使整份委任契約無效，端視委任契約除去該條款後能否成立，若無法成立，則整份契約無效；若契約仍能成立，則僅該部分無效，契約之其餘部分仍然有效。由於無效之約款僅與報酬之認定有關，而未涉及委任事務範圍等其他內容，不影響甲委任丙處理事務之約定。

另一方面，該報酬認定之約款無效，亦不表示該契約即成為無償契約，此參酌民法第547條規定更可知，即縱使當事人未約定報酬，如依習慣或依委任事務之性質，應給與報酬者，受任人仍得請求報酬，故本案甲丙關於報酬之約定雖因違反公序良俗而無效，但自此約定可見其就有償委任已達成共識。再者，關於報酬之約定無效時，是否導致該契約無效，應依民法第111條處理，因此，除去該無效之約款，委任契約之其他部分，包含委任事務範圍、性質為有償委任等內容，均仍能不受影響而存在，故無效之法律效果應僅限於第二條關於報酬之約定。

二、依交易習慣認定報酬

至於甲丙間關於報酬之約定因違反公序良俗而無效，亦不影響該契約為有償契約之性質，因此，問題僅在於報酬應如何認定。此部分與民法第547條之規定之情形相仿，而可參酌該條規定，依一般交易習慣認定報酬為妥，但本案例之情形並非直接適用民法第547條，因為本案例並非如民法第547條所規範當事人未約定報酬之情形，而是當事人關於報酬之約定因違反公序良俗而無效，因此，或參酌該條之立法精神，或逕依一般交易

| 習慣，認定本案委任人應給付之報酬。

二、處理他人事務

㈠處理他人事務為委任契約之主給付義務

　　依民法第 528 條規定，委任契約係以處理他人事務為此類型契約之特徵，故處理他人事務為委任契約之主給付義務。主給付義務未履行，可能成立給付不能或給付遲延之責；主給付義務履行不完全，則可能須負民法第 544 條之損害賠償責任，尚可能成立不完全給付之責。至於其他如報告義務（民法第 540 條參照）、利益交付義務（民法第 541 條參照），屬於從給付義務；保密義務、說明義務、通知義務等則屬於附隨義務，當事人違反其義務時，除可能依民法第 542 條負擔損害賠償責任外，似亦可能成立不完全給付之責。

㈡「處理事務」之定義

1. 包含法律行為和事實行為

　　所謂處理事務，包含範圍甚廣，舉凡得由他人代為處理之事務，無論是法律行為或事實行為，均屬之，如代為銷售房屋、處理和解事宜、清償債務或稅款罰鍰、代辦土地所有權移轉、代保險公司處理保險標的之查勘、鑑定、估價及先向肇責方追償以減少理賠金額等事務。委任事務固然以委任人自己者為原則，但屬於第三人之事務亦非不可，例如甲與○○市政府簽訂工程承攬契約，並由乙擔任連帶保證人，因○○市政府未依約履行事項，甲遂與乙簽訂系爭移轉協議，約定甲將因該承攬契約所生之一切求償權利移轉與乙，並由乙承擔及負責甲因此所欠協力廠商、股東代墊或第三人之債務，嗣後甲因該承攬契約可能遭受裁罰並須繳納印花稅及交通影響評估服務，復又與乙簽訂補充協議，由律師丙擔任該補充協議之見證律師，同時，乙依約定提供訴訟參加人所簽發未載發票日之系爭支票，交甲收執，以擔保甲不因繳納上

開稅捐及費用而受損失，且在甲應繳納上開稅捐及費用，而乙未提出相當金額予甲之情形下，經甲備齊相關資料通知律師丙後，共同委任律師丙填載系爭支票發票日，交甲行使權利，甲乙與律師丙簽訂之契約即屬於委任契約（臺灣高等法院 104 年度重上更㈠字第 29 號判決參照）。

2. 不屬於「處理事務」者

　　然下列三項不屬於委任契約中處理事務之範圍：⑴違法行為：所有違反法律規範之行為，如代為毆打他人、代為大量重製他人著作等，均不得成為委任契約之內容，否則委任契約依民法第 71 條規定無效。⑵性質上不得由他人處理之事務：依事務性質專屬於本人方得為之者，如結婚、離婚等，均不得委由他人處理，自不得為委任契約之內容。⑶單純不作為：處理事務應屬於積極行為，故單純消極不作為，無法成為委任契約之內容，即無法成為委任契約之主給付義務，但可能成為委任契約之從給付義務或附隨義務。

㈢受任人包含法人與自然人

　　由於委任契約係以為他人處理事務為契約內容，即典型之勞務契約，應由受任人親自處理委任事務（民法第 537 條參照），因此，多認為受任人應以自然人為限❸。然而隨著服務業興起，以法人型態接受委任處理事務之情形日益增多，如技術服務公司、投資顧問公司等，均由法人為締約之當事人，究其契約性質亦多屬委任契約，故應認為受任人應包含自然人與法人，方屬恰當❹。

---

❸　鄭玉波，民法債編各論（下），1990 年 1 月 12 版，頁 412–413。

❹　邱聰智，新訂債法各論（中），2002 年 10 月 1 版，頁 193；林誠二，債編各論新解──體系化解說（中），2015 年 6 月 3 版，頁 232；陳自強，契約之內容與消滅，2016 年 3 月 3 版，頁 244。

貳、委任契約之性質

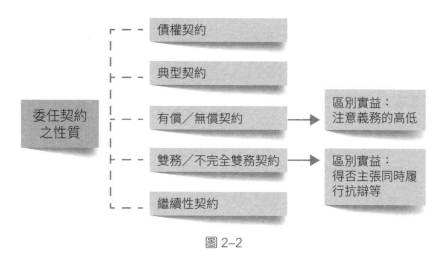

圖 2-2

一、債權契約

　　廣義契約泛指所有基於當事人合意所成立之法律關係，包含債權契約、物權契約、結婚契約、夫妻財產制契約等。其中結婚契約、夫妻財產制契約等屬於民法親屬編之法律行為，目的在於發生、規範、變更或結束親屬間之法律關係。物權契約則係基於當事人之合意使物權關係產生變動，如雙方當事人合意移轉所有權，在此合意下，動產因交付而移轉所有權（民法第 761條第 1 項參照），不動產因作成書面與登記而移轉所有權（民法第 758 條參照）。債權契約則基於雙方當事人之合意使其負擔義務、享有權利，如買賣契約，出賣人因此負有交付標的物與移轉標的物所有權之義務，買受人負有支付約定價金之義務。而委任契約之簽訂，在於使受任人負有為委任人處理事務之義務，在性質上屬於債權契約。

二、典型契約（有名契約）

　　基於契約自由原則，當事人得依其意願任意約定債權契約之內容，惟針

對日常生活中常見之契約型態，民法債編設有規定，對於此類契約，一般稱為典型契約或有名契約，以區別民法債編中未有規定之契約，而委任契約規範於民法第 528 條至第 552 條，故屬於典型契約。

民法債編中規範典型契約之目的，在於發揮二項功能：

㈠**以任意規定補充當事人之約定不足：**當事人於訂定契約時，未必對於未來可能發生之問題均加以約定，因此，為免日後發生爭議卻未有約定處理方式，民法債編乃針對常見類型契約予以規定，以補充當事人之約定不足，例如買賣契約中瑕疵擔保規定等。由於此類規定之目的在於發揮補充功能，因此，於當事人另有不同約定時，應優先適用當事人之約定。

㈡**以強制規定保護當事人之利益：**民法債編中有少部分規定係考量雙方當事人之地位不平等，為保障弱勢之一方當事人，而予以規定，即所謂強制規定，如民法第 389 條規定，對於分期付款之買賣契約，如當事人約定買受人遲延支付價金時，出賣人得即請求支付全部價金者，除買受人遲付之價額已達全部價金之五分之一外，出賣人仍不得請求支付全部價金，即著眼於保障分期給付之買受人，避免因一時性給付遲延而須支付全部價金，喪失分期給付之利益❺。

各類典型化契約係以主給付義務為其類型化之特徵，即此類契約必備之權利義務關係，例如民法第 345 條，係以一方移轉財產權於他方，他方支付價金作為買賣契約之類型化特徵；又如民法第 421 條，則以一方以物租與他方使用收益，他方支付租金作為租賃契約之特徵。

因此，委任契約之類型化特徵，依民法第 528 條規定，即一方委託他方處理事務。至於如何定性當事人契約，則應探求當事人之真意，不得拘泥於所用之文字（民法第 98 條參照），並應依契約目的解釋，以瞭解當事人所約定之給付是否符合典型契約之特徵，進而認定符合何種典型契約之特徵。

---

❺　王澤鑑，債法原理，2012 年 3 月 4 版，頁 119–120。

三、有償契約或無償契約

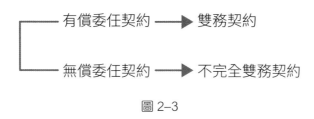

圖 2–3

(一)原則有償

　　所謂有償契約與無償契約之區別在於當事人一方之給付是否取得對價給付，若有對價給付，則為有償契約，如買賣契約；若未取得對價給付，則為無償契約，如贈與契約。委任契約依民法第 528 條規定，並未以有償或無償為其契約類型之特徵，因此，委任契約可以約定有報酬，亦可約定為無報酬，即可為有償契約，亦可為無償契約。然於現今社會活動中，為他人管理事務，以有償約定為原則，無償委任多僅發生於親朋好友間，惟此時應注意無償委任與善意施惠行為之界定。一般而言，若處理事務者欠缺經濟利益或其他應受保護之利益，且對於處理事務者之財產亦不發生影響時，應認為欠缺法律拘束力，僅屬於善意施惠行為[6]。

(二)未約定報酬不等同無償委任

　　再者，當事人未約定報酬，並非即為無償委任契約，而應依民法第 547 條規定認定，即雙方當事人縱未約定報酬，如依習慣或依委任事務之性質，應給與報酬者，受任人仍得請求報酬。惟應說明的是，本條並非報酬請求權之法律依據，而係對於委任契約有償無償定性上之補充規定。詳言之，依本條規定，委任契約不因當事人未約定報酬，即認定為無償委任，而應視習慣

---

[6]　Vgl. Weber, in: Basler Kommentar Obligationenrecht I, 2015 (6. Auflage), Art. 394 N 16.

或委任事務之性質認定是否應給與報酬，若依習慣或委任事務之性質應給與報酬者，縱使當事人未約定報酬，仍應認定為有償契約。至若委任契約定性為有償契約，受任人自得依委任契約請求報酬，故民法第 547 條在於補充規範有償無償之定性，而非建構受任人之報酬請求權。

㈢有償委任與無償委任之區別實益：注意義務之高低

有償委任契約與無償委任契約之區別實益主要在於受任人注意義務之高低，依民法第 535 條規定：「受任人處理委任事務，應依委任人之指示，並與處理自己事務為同一之注意，其受有報酬者，應以善良管理人之注意為之。」即有償委任契約之受任人應負善良管理人之注意義務；而於無償委任契約中，受任人僅負與處理自己事務同一之注意義務。此種注意義務高低之差別係延續民法第 220 條第 2 項規定而來，即過失責任之認定，依事件之特性而有輕重，如其事件非予債務人以利益者，應從輕酌定。

四、雙務契約或不完全雙務契約

所謂**單務契約**係指僅一方當事人負擔給付義務，如贈與契約，相對於此則為雙務契約，即雙方當事人均負有給付義務。**雙務契約**依雙方給付義務之關係，又可分為標準雙務契約與不完全雙務契約，標準雙務契約係指雙方當事人所負之給付義務呈對待給付之關係，如買賣契約中出賣人交付標的、移轉標的所有權之義務與買受人支付價金之義務，具有對待給付關係。**不完全雙務契約**係指雙方當事人均負有給付義務，但雙方之給付義務不具有對待給付之關係。至於雙方當事人之給付義務是否具有對待給付關係，其區別實益在於得否適用同時履行抗辯（民法第 264 條規定參照），換言之，僅就具有對待給付關係之義務，當事人得主張同時履行抗辯。

觀察委任契約之各項義務，受任人依民法第 528 條規定負有處理事務之義務，依民法第 540 條、第 541 條規定有報告義務、交付金錢、物品及孳息

之義務與移轉權利之義務等多項義務，委任人依民法第 545 條、第 546 條之規定則有預付必要費用、償還必要費用等義務，由於上述各項義務間不具有對待給付關係，故僅就上述各項義務而言，委任契約屬於不完全雙務契約。然若委任契約為有償契約時，委任人支付報酬之義務與受任人處理事務之義務則具有對待給付關係，即受任人若未取得應支付之報酬，則得拒絕為委任人處理事務，反之亦然。因此，**有償委任契約**在性質上屬於**標準雙務契約**，雙方當事人得主張同時履行抗辯；而**無償委任契約**則屬於**不完全雙務契約**，不適用同時履行抗辯。

惟應注意民法第 548 條第 1 項規定，即受任人應受報酬者，除契約另有訂定外，於委任關係終止及為明確報告顛末後，方得請求給付。依此規定，受任人原則上有先處理事務之義務，而屬於民法第 264 條第 1 項但書之「自己有先為給付之義務者」，不得主張同時履行抗辯，因此，除非委任契約約定排除受任人先處理事務之義務，受任人方得主張同時履行抗辯。

五、繼續性契約

繼續性契約係指契約約定之給付非一次履行即可完成，而須持續履行，如租賃契約等，而有別於所謂一時性契約，即約定之給付可一次完成，如買賣契約。應注意的是日漸盛行之分期給付買賣契約，將買賣標的分成數份，按期給付各該部分，此種契約仍屬於一時性契約，其與繼續性契約之不同處在於給付內容是否自始確定。詳言之，分期給付買賣之總給付內容於契約訂定時即可確定，並約定採分期給付方式履約，如買賣價金之分期給付，於契約訂立時即可確定買受人應支付之總價額；繼續性契約之總給付內容則取決於給付時間，可能為定期契約，亦可能為不定期契約，且當事人可能於履約期間產生新的權利義務關係，因此，繼續性契約之總給付義務於契約訂立時難以確定。委任契約之受任人須為委任人處理事務，該給付通常並非一次可完成，且其權利義務關係多非於契約訂立時即可確定，故屬於繼續性契約。

　　基於繼續性契約之給付具有持續性，為避免對當事人之關係影響過大，故以「終止」結束契約關係，而非「解除」，如民法第 549 條第 1 項規定：「當事人之任何一方，得隨時終止委任契約。」終止契約與解除契約之差別在於所生之法律效力，**終止契約**之效力為向將來結束債之關係，不影響終止前之法律關係，因此，當事人不因終止契約而生回復原狀之義務，而終止前所生之損害賠償請求權亦不因終止契約受有影響（民法第 263 條準用第 260 條規定參照）；**解除契約**之效力則具有溯及效力，故契約解除後雙方當事人均負有回復原狀之義務（民法第 259 條規定參照）。基於相同之考慮，繼續性契約如有無效或得撤銷之事由時，有學者主張應限縮契約無效或撤銷之效力，使其僅向將來發生無效或撤銷之效力，較為妥適❼。

參、與其他契約之區別

一、僱傭契約

　　委任契約與僱傭契約同屬於勞務契約，所謂僱傭契約，依民法第 482 條規定：「稱僱傭者，謂當事人約定，一方於一定或不定之期限內為他方服勞務，他方給付報酬之契約。」係以提供勞務為契約內容。然由於僱傭契約以單純供給勞務為目的，因此，實務判決向來認為受僱人須服從僱用人之指揮，具有高度從屬性（最高法院 93 年度臺上字第 873 號判決參照）。因此，委任契約與僱傭契約之區別在於**裁量權之有無**，詳言之，委任契約之目的在於處理一定事務，故受任人給付勞務僅為手段，除當事人另有約定外，得在委任人所授與之權限範圍內，自行裁量決定處理事務之方法，以達委任契約之目的；僱傭契約之目的則在於受僱人單純提供勞務，故受僱人無任何裁量權，須依從僱用人之指示供給勞務（最高法院 96 年度臺上字第 1426 號判決參照）。

---

❼　王澤鑑，註❺，頁 147–148。

　　由最高法院 83 年臺上字第 1018 號判決內容可見，公司中不同工作屬性致使公司與員工之契約在定性上有所不同：「所謂**委任**，係指委任人委託受任人處理事務之契約而言。委任之目的，在一定事務之處理。故受任人給付勞務，僅為手段，除當事人另有約定外，得在委任人所授權限範圍內，自行裁量決定處理一定事務之方法，以完成委任之目的。而所謂**僱傭**，則指受僱人為僱用人服勞務之契約而言。僱傭之目的，僅在受僱人單純提供勞務，有如機械，對於服勞務之方法毫無自由裁量之餘地。兩者之內容及當事人間之權利義務均不相同。上訴人受被上訴人自五十八年五月十二日僱用為其管理部辦事員，其後擔任股長、科長、課長，其職務之性質，均為單純給付勞務為目的之工作，其與被上訴人間之關係，為單純僱傭性質。惟其後升任被上訴人之襄理、副理、副總經理，因其職務屬經理人之性質，其與被上訴人間已變更為委任關係。而委任與僱傭性質不同，且無可兼而有之，故原有僱傭關係應認業已終止。」

　　由於委任契約與僱傭契約在性質上之差異，而應注意以下二點：

　　㈠**僱傭契約中僱用人對於受僱人負擔保護義務：**民法第 483 條之針對僱傭契約規定，對於受僱人服勞務，如其生命、身體、健康有受危害之虞時，僱用人應按其情形採取必要之預防措施。此項規定一方面著眼於僱傭契約中受僱人對於僱用人之從屬關係，另一方面則考量工作場所屬於僱用人之管領範圍，故應由僱用人負擔維護受僱人安全之責任，採取必要之預防措施。

　　㈡**勞動基準法之適用：**勞動基準法之適用與否以當事人之約定是否屬於勞動契約為判斷標準，依據實務與學說之見解，勞動契約具有三項特性：

　　1.**人格上從屬性：**受僱人服從雇主指揮，並有接受懲戒或制裁之義務。

　　2.**經濟上從屬性：**受僱人係為雇主之目的勞動，以換取勞動之報酬。

　　3.**組織上從屬性：**受僱人納入雇主之組織體系中，與其同僚居於分工合作之狀態[8]。依此三項特徵判斷，民法之僱傭契約屬於勞動契約，委任契約

---

❽　林更盛，勞動契約與委任契約之區別——最高法院八十三年度臺上字第一〇一八

則不屬之❾。

　　惟參酌司法院 (83) 院臺廳民一字第 11005 號函：「公司與經理間之法律關係，通說認係委任契約。惟勞動基準法所稱之勞工依同法第二條第一款規定固係指受雇主僱用從事工作獲致工資者而言，然非若僱傭契約之受僱人明定以供給勞務本身為目的（民法第四百八十二條參照），故祇要受僱於雇主從事工作獲致工資者，即足當之，不以有僱傭契約為必要。又勞動基準法第二條第六款規定，約定勞雇間之契約為勞動契約，據此而言，凡是具有指揮命令及從屬關係者，均屬之，是亦未以僱傭契約為限。公司負責人對經理，就事務之處理，若具有使用從屬與指揮命令之性質且經理實際參與生產業務，即屬於勞動契約之範疇，該經理與公司間，即有勞動基準法之適用。反之，則否。」有學者認為勞動基準法之規範目的係著眼於勞務提供者社會保障之必要性，因此，縱使經理人屬於委任關係，於具體個案判斷上，仍不排除全部或一部適用勞動基準法之可能性❿。

二、承攬契約

　　承攬契約亦屬於勞務契約，依民法第 490 條第 1 項規定：「稱承攬者，謂當事人約定，一方為他方完成一定之工作，他方俟工作完成，給付報酬之契約。」係以完成一定工作為契約內容，有別於委任契約以處理他人事務為契約內容，因此，以約定成果為契約核心者，應屬於承攬契約，如定作服飾、建

號民事判決，月旦法學教室，103 期，2013 年 9 月，頁 10；實務判決如最高法院 103 年臺上字第 1569 號裁定謂：「公司與員工間之關係究為勞動關係或委任關係，應依契約之實質內容，視其提供勞務之人格上、經濟上及組織上從屬性強弱而為判斷」。

❾　林更盛，註❽，頁 10；實務判決如最高法院 83 年度臺上字第 1018 號判決、最高法院 97 年度臺上字第 1510 號判決、最高法院 103 年臺上字第 1569 號裁定等。

❿　陳自強，註❹，頁 242–243。

造房屋等，均以完成特定成果為其契約核心，在性質上屬於承攬契約。惟於個案認定上屬於委任契約或承攬契約，並非絕無疑問，一般而言，基於契約作為義務所產生之成果若非必然會被實現時，較易被定性為委任契約**❶**。在後續之案例中將分別就醫療契約、醫學美容契約與委託建築師契約加以說明。

委任契約與承攬契約之區別主要呈現於四個方面：

㈠**是否須親自履約：**委任契約因重視信賴關係，故委任事務應由委任人親自處理；承攬契約則不以親自為之為必要。

㈡**契約責任：**承攬契約以完成一定工作為契約內容，因此，依民法第508條規定，承攬人對於工作物承擔危險責任。委任契約以處理事務為契約內容，因此，處理事務之結果由委任人承擔，但受任人負有報告說明等多項義務。

㈢**債務不履行之法律效果：**於委任契約中，受任人如違反其義務而成立債務不履行，須依民法第544條負擔賠償責任與民法第227條之責。而承攬契約因以完成一定工作為契約內容，故如該工作物有瑕疵時，係依民法第493條至第495條主張物之瑕疵擔保責任，又依民法第493條第1項、第494條，定作人須先請求修補瑕疵未果，方得請求減少報酬、解除契約；此外，如瑕疵之發生係可歸責於承攬人，定作人尚得依同法第495條規定請求損害賠償。

㈣**報酬請求權之消滅時效：**委任契約中受任人之報酬請求權以民法第125條規定為原則，消滅時效為15年，惟應注意民法第127條短期消滅時效之規定；承攬契約中承攬人之報酬請求權依民法第127條第7款規定，消滅時效為2年。

---

❶　Vgl. Weber, aaO. (Fn. 6), Art. 394 N 29.

案例 2-2　醫療契約

　　甲因膝蓋疼痛前往就醫，經醫師乙診斷為膝關節退化性關節炎，於採取藥物與物理等多項治療措施後，疼痛狀況改善仍然有限，因此建議進行人工關節手術。惟術後甲仍有諸多抱怨，認為手術成效不彰。請說明甲之救濟方式。

說　明

壹、醫療契約之定性

一、實　務

　　病人與醫師（或醫療機構）間之醫療契約，在性質上學說與實務見解多有不同。實務見解主要認定為委任契約（士林地方法院 96 年度醫字第 9 號判決參照）或類似委任契約（最高法院 97 年臺上字第 1000 號判決、臺北地方法院 100 年度醫字第 9 號參照）。

二、學　說

㈠委任契約說

　　學說則多認定為委任契約，理由在於契約內容為醫生依其職業道德、注意義務及醫學知識，對病人從事檢查、診斷與疾病治療行為，故屬於「方法債務」，而非對病人承諾治癒疾病，故不屬於「結果債務」。縱使認為醫療契約不屬於委任契約，但依其契約主要要素而言，仍應屬於類似委任契約之無名契約❿。

---

❿　黃茂榮，債法各論，2003 年 8 月 1 版，頁 365, 367–368；陳聰富，醫療契約之法律關係（上），月旦法學教室，第 72 期，2008 年 10 月，頁 90；吳振吉、姜世明，醫師及醫療機構就債務不履行責任之法律關係——兼評最高法院 99 年度臺上字第 1055 號民事判決、臺灣高等法院 99 年度醫上更㈠字第 3 號民事判決，臺

(二)承攬契約說

　　另有學者將醫療契約認定為承攬契約，其理由在於承攬契約係以完成一定工作為約定內容，但此不應解釋為「完成之工作須獲致百分之一百之效用或結果」，因此，於醫療契約中，約定進行「成功率百分之九十之手術」或「準確度為百分之九十五之檢驗」亦應屬於完成一定工作，而得以認定為承攬契約[13]。定性為承攬契約之目的在於保障病患權益，其理由有二項：一、醫師之治療行為有不當時，由於委任契約屬於手段債務，因此，病患不得僅舉證醫師處理事務之結果不如預期，而須舉證醫師在醫療過程中有債務不履行之事實；然若依承攬契約，因其為結果債務，故病患僅須舉證醫師之醫療結果未達約定，即可成立瑕疵擔保責任，甚至債務不履行之責。二、依委任契約，醫師得任意終止醫療契約，對於病患之權益保障不足；若依承攬契約，則醫師不得任意終止醫療契約，對於病患權益較有保障[14]。

　　就醫療契約內容而言，多數約定內容為醫師對於病患症狀之處理過程，如案例中之法律事實，醫師乙聽完病患甲之敘述，需經必要檢查後方能診斷病情，再針對病況採取對應之治療措施，治療措施於施行後，尚需視病情是否改善，調整治療措施，此為一連串之處理過程，似難以切割為個別分開之工作，因此，醫療契約在性質上屬於為病患處理事務，而應定性為委任契約，較為妥適。例外情形為安裝假牙、義肢等，因其契約約定內容可特定為一定之工作，較可能定性為承攬契約[15]。

　　北大學法學論叢，第 86 期，2013 年 6 月，頁 22。

[13]　吳志正，醫療契約之定性，月旦法學雜誌，第 139 期，2006 年 12 月，頁 207-209。

[14]　吳志正，解讀醫病關係 I，2006 年 9 月 1 版，頁 287。

[15]　陳聰富，註[12]，頁 93。

貳、醫療契約定性之影響

　　醫療契約定性之不同，主要影響病人與醫師（或醫療機構）間之權利義務關係，如案例中之情形，醫師乙之醫療行為如有不當，可能成立民法第 544 條之賠償責任與民法第 227 條之責。但若因假牙不合、義肢有問題等，病患可能得主張物之瑕疵擔保責任，惟依民法第 493 條第 1 項請求修補瑕疵、第 494 條須先請求修補瑕疵未果，方得請求減少報酬、解除契約，此外，如醫師對於瑕疵之發生有可歸責之事由時，病患尚得依同法第 495 條規定請求損害賠償，惟若病患已對該醫師喪失信賴基礎時，仍要求病患須先請求修補瑕疵，是否恰當，值得考慮。

案例 2-3　醫學美容行為

　　甲至乙開設之醫美診所進行電波拉皮美容手術，手術預計分四次完成，惟乙於第一次與第四次手術進行中離開，改由護士丙操作儀器。甲於第四次手術完成後返家，發覺皮膚有泛紅並轉泛黑情形。請說明甲之救濟方式。

說　明

壹、一般醫療行為與醫學美容行為之差異

　　甲與乙締結契約之目的在於使皮膚更為美麗，而非基於治療疾病之目的，因此屬於所謂醫學美容行為。檢視過去法院判決，並未區分一般醫療行為與醫學美容行為，而係依循一般醫療行為之既定法則進行醫學美容紛爭的個案判斷。問題在於二者存在本質上之差異，即一般醫療行為依據 82 年 8 月 2 日衛署醫字第 8251156 號函，係指「稱醫療行為係指凡以治療、矯正或預防人體疾病、傷害、殘缺為目的，所為的診察、診斷及治療；或基於診察、診斷結果，以治療為目的，所為的處方、用藥、施術或處置等

行為的全部或一部的總稱」。在一般醫療行為中，醫師面對的是已有疾病之患者，甚至是急症患者，需要採取緊急措施，而在醫療過程中，尚需體認醫療行為之有限性、疾病多樣性、人體機能隨時可能發生不同病況變化等變數交互影響，以及積極性醫療行為所可能引發之其他潛在風險等特性。但在醫學美容行為中，醫師面對的不是疾病，而是個人對其身體外觀之特定想法，因此，醫學美容行為不具有治療目的，而係為達到個人美觀要求下所進行之行為，具有與一般醫療行為不同之特性。此項本質上之差異勢將影響對於一般醫療行為與醫學美容行為之法律評價。

惟應特別說明的是治療性醫學美容行為，如對於兔唇、顎裂等先天性畸形之修復手術，或對於後天因燒燙傷等所造成之身體功能受損、外觀扭曲所進行之修復手術等，其目的係為恢復身體正常功能或外觀，而非僅基於個人之美觀要求，因此，治療性醫學美容行為與醫療行為並無差異，而應與醫療行為同等對待。

貳、醫學美容行為之契約定性

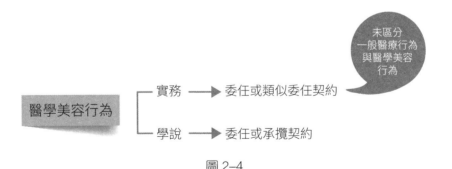

圖 2-4

醫學美容行為之契約定性，由於法院判決未將之與一般醫療行為為區隔，故實務定性上與一般醫療行為無異，屬於委任契約或類似委任契約❶。

---

❶ 如臺北地方法院 100 年度醫字第 8 號、臺北地方法院 100 年度醫字第 9 號、高雄地方法院 100 年度醫字第 17 號。

學說則有將其定性為承攬契約，主要理由在於醫學美容契約之內容，係約定提供醫療行為服務之一方完成特定結果，而屬於結果債務❼，有別於上述一般醫療契約之手段債務。但亦有基於目前醫學美容契約多要求於醫學美容行為開始前繳清報酬，與承攬契約之性質不同（民法第 490 條第 1 項參照），而將醫學美容行為定性為類似承攬之非典型化契約❽。然由於醫學美容契約態樣繁多，似難一概而論，而應依當事人之契約內容決定。以一次性之醫學美容行為而言，如隆鼻、隆乳等手術，當事人多以完成特定結果為契約內容，而應定性為承攬契約；但若為多次性之醫學美容行為，如雷射及脈衝光療程等，即本案例之情形，似難認為當事人之約定內容為特定結果，而較屬於醫師應依其職業道德、注意及醫學既存之知識進行醫學美容行為之約定，因此，契約定性為委任契約似較為妥適。至於醫學美容契約在定性上之不同，主要影響病人與醫師（或醫療機構）間之權利義務關係，此部分已於前一個案例中說明，茲不贅述。

案例 2-4　房舍改建計畫

　　甲委託建築師乙規劃監造房舍改建計畫，並將建造工程之土木工程由丙、丁承攬。丙依計畫進行工程施作時，對於土層狀況有疑慮，遂去函要求甲再確認土層結構，以確保施工安全性，甲將相關情事通知乙，但乙認為土層結構無虞，無須再行勘驗。嗣後，該工程因土層問題出現坍塌。請說明甲之救濟方式。

---

❼　陳文清，非治療性醫學美容契約之研究，全國律師，第 13 卷第 11 期，2009 年 11 月，頁 94；吳志正則未區分醫療行為與醫學美容行為，均認定為承攬契約，見醫療契約之定性，月旦法學雜誌，第 139 期，2006 年 12 月，頁 201。

❽　陳文清，註❼，頁 95-96。

說　明

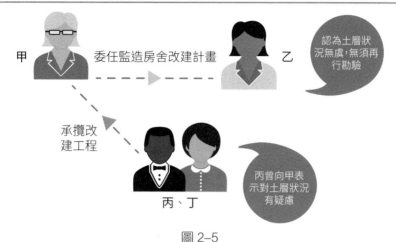

圖 2-5

　　對於建築師與委託人之契約關係，在定性上多有不同見解，惟在說明不同見解前，尚須注意此類契約內容之多樣性，因當事人間委託事務不同，亦可能影響契約之定性。茲以德國學者對於建築師契約給付內容之分類作為說明，俾便瞭解各階段建築師之給付內容，並進而探討契約類型。德國學者依時間順序將給付內容分為九個階段：一、基礎調查：為完成建築設計所作之資訊準備，以諮詢（建議）與闡明（說明）為主要義務。二、規劃方案與設計之準備：此為設計草案之準備階段，目的在於設定設計目標與想法，並進而整合其他專家，以及與其他機構進行前置溝通協調。三、設計草案：完整處理設計概念，並提出設計草案，與其他機構及專業技術人員就核准事宜進行討論，以及估算費用。四、設計核准：提出符合申請要求之相關文書，以取得建築許可。五、實施設計：進一步處理所有設計之相關事項，使設計達到完全實施之程度。六、準備發包：製作相關說明資料，此部分將影響業主與承包營造工程公司之契約內容。七、發包之協力：此階段中建築師之義務包含匯整發包文件、協助雙方協商契約內容等，以利承包契約之締結。八、監工階段：確認工程進行是否符合建築許可、

設計內容等，並應要求施工符合已知技術規則及相關法規。九、客體照護及文件：確認建物之瑕疵與監督瑕疵之排除等❶⑨。

若當事人委託建築師擔任室內設計諮詢工作，臺北地方法院 102 年度簡上字第 227 號判決將契約認定為承攬契約。若當事人委託建築師規劃設計與申請建造，最高法院 98 年度臺上字第 1623 號判決認定此契約為委任契約。若當事人委託建築師之範圍包含設計規劃與監造，實務上多數見解認定為委任關係，如臺灣高等法院 99 年重上更㈠字第 142 號判決，認為委託人與建築師之契約內容包括基地之地質調查、建築工程規劃、設計及監造等一切工程事務，其目的係在完成系爭工程之建案，而系爭工程建案之完成尚賴承造人施作工作，非由建築師完成，建築師受託處理規劃、設計、監造事務之處理，係以達到工程建案完成為目的，所提供之規劃、設計至監造工程完工過程之專業勞務，故委託人與建築師之契約屬於委任契約。但如臺灣高等法院高雄分院 93 年度上字第 18 號判決，當事人之契約內容亦涉及規劃與監造工程，法院則認定為承攬契約。

此外，如最高法院 100 年度臺上字第 390 號判決認為，若自重視設計者之資格、能力觀之，而不論建築師能否完成設計，均委任其處理，固可解為委任契約；然若著眼於系爭契約約定俟工作完成始給付報酬，則具有承攬契約之特性，故委託人與建築師之契約為兼具承攬與委任性質之混合契約，且因契約內容涉及勞務給付，而得依民法第 529 條規定，適用關於委任之規定。學說上亦有不同見解，有認為建照申領屬於委任契約❷⓪；亦有認為應以承攬契約為原則，部分情形屬於委任契約❷①。

關於契約定性將影響當事人間之權利義務關係，自本案甲乙之契約內

---

❶⑨ 姜世明，建築師民事責任之基本問題——以德國法制及我國實務見解回顧為觀察基礎，東吳法律學報，第 24 期第 1 卷，2012 年 7 月，頁 11-12。

❷⓪ 邱聰智，註❹，頁 203。

❷① 姜世明，註❶⑨，頁 6-7。

容而言，建築師乙負責之事務包含規劃與監造房舍改建，即規劃房舍改建計畫，並確認工程進行是否符合相關建築法規與設計內容，而後者之性質是否屬於完成特定結果，影響甲乙契約之定性。然若考量實際施工者並非乙或與其具有從屬關係之人，則乙所負擔之監造義務應認為係依其專業技能，確認工程進行是否符合建築法規與設計內容，如有不符合時，應即提出要求施工者改善，準此，乙所負擔之義務似非以特定結果為內容，而應屬於委任契約較為妥適。

肆、委任契約與代理權之授與

一、委任契約不必然使受任人享有代理權

受任人基於委任契約負有處理委任事務之義務，委任事務可能為事實行為，亦可能為法律行為，惟委任契約之訂定不必然使受任人享有代理權，而須由委任人另授與代理權（民法第 167 條參照）。另一方面，受任人因處理委任事務所為之法律行為，可能以自己名義為之，亦可能以委任人之名義為之，端視雙方當事人之約定。若雙方當事人約定以委任人之名義為法律行為，則委任人尚須授與代理權，受任人方為有權代理，使代理所為之法律行為效力及於委任人（民法第 103 條參照）。若受任人以自己名義為法律行為，其效力則僅及於受任人，因此，僅受任人得向相對人請求履行債務，並自相對人受領給付。故委任契約之當事人間雖常有授與代理權之情事，但二者屬於分別獨立之法律關係。

二、代理權授與是否因委任契約無效而受影響？

復因委任契約與授與代理權屬於分別獨立之法律關係，而可能發生委任契約無效、代理權授與有效之情形，此時，代理權授與之有效性是否因此受

影響，即有無因說與有因說之爭論。

　　有因說認為，依民法第 108 條第 1 項規定：「代理權之消滅，依其所由授與之法律關係定之。」可知代理權授與與其基本法律關係不可分離，因此，若委任契約或其他如僱傭契約等基本法律關係無效時，代理權授與亦因隨之無效，代理人所為之法律行為即為無權代理❷❷。

　　無因說則認為，無因性係基於代理權授與及其基本法律關係之分離性與獨立性而來，其優點在於維護交易安全，使第三人（相對人）不必顧慮代理人與本人間之基礎法律關係，並使代理人不因此而負擔無權代理之責。至於民法第 108 條第 1 項之規定，無因說則認為係針對基本法律關係消滅而言，例如甲基於委任契約授與乙代理權，於委任契約關係消滅時，代理權亦隨之消滅，並非泛指代理權授與與其基礎法律關係密不可分❷❸。

三、自己代理或雙方代理之情形

(一)應經委任人許諾或承認

　　在委任關係中若委任人授與受任人代理權，受任人即得以委任人之名義為法律行為，然若代為與受任人自己之法律行為，則有民法第 106 條規定之適用：「代理人非經本人之許諾，不得為本人與自己之法律行為，亦不得既為第三人之代理人，而為本人與第三人之法律行為。但其法律行為，係專履行債務者，不在此限。」本條規定之目的在於維護本人之利益，避免在自己代理或雙方代理之情形損及本人之利益。依此，如為自己代理或雙方代理時，須經本人許諾，若未經本人許諾，受任人所為之自己行為或雙方行為即成無權代理，須經本人承認，始對本人發生效力❷❹。

---

❷❷　鄭玉波著，黃宗樂修訂，民法總則，2008 年 9 月 11 版，頁 346-347；洪遜欣，中國民法總則，1978 年 11 月 2 版，頁 465。

❷❸　王澤鑑，註❺，頁 326-327；林誠二，註❹，頁 238-239。

❷❹　王澤鑑，註❶，頁 520, 523；施啟揚，民法總則，2011 年 10 月 8 版，頁 234。

㈡透過複代理規避民法第 106 條等情形之處理

　　然若受任人在允許複代理之情形下，再委任第三人為委任人之代理人，並與之締結契約關係，例如甲委任乙出售其房屋，並授與乙代理權，且允許複代理，乙以甲之名義授與丙代理權後，再以自己之名義與丙訂定購買甲房屋之契約。此種情形雖未為民法第 106 條之文義所涵蓋，但乙之行為係為規避民法第 106 條之規定，故應依規範意旨作目的性擴張，使其亦適用民法第 106 條規定❷❺。與前述情形不同的是，受任人乙找到買家丙之後，由乙先以低價向委任人甲購買，再以較高價格出售於丙，乙因此從中賺取差價。此時並無民法第 106 條之適用，但受任人已違反委任契約之報告義務與注意義務等契約義務，而對委任人甲負損害賠償責任（民法第 537 條、第 540 條、第 544 條參照）。

案例 2-5

　　甲委託乙為其尋覓值得典藏之清朝青花花瓶，約定每只花瓶以十萬元作為乙之報酬，為便於乙處理委託事務，甲並授與乙代理權限。經乙多方尋覓後，得知丙有一只青花花瓶欲出售，乙誤認其為清朝古董花瓶，而以甲之名義與丙締結買賣契約，約定價金為六十萬元。乙取得花瓶後交給甲，甲請古物鑑賞家丁鑑定，丁認為該花瓶僅為高級仿古花瓶，價值約八萬元。請說明甲得主張之權利。

說　明

壹、請求權基礎

一、甲得否對丙依民法第 359 條請求減少價金或解除契約？

㈠買賣契約：

---

❷❺　王澤鑑，註❶，頁 524。

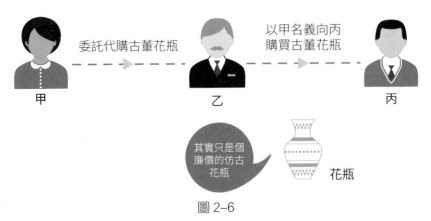

委託代購古董花瓶

以甲名義向丙
購買古董花瓶

甲　　　　　　　　乙　　　　　　　　丙

其實只是個
廉價的仿古
花瓶

花瓶

圖 2-6

1.成立買賣契約：於甲丙間（見貳）

2.得否撤銷買賣契約？

(二)瑕疵擔保責任之成立要件：第 354 條第 1 項、第 355 條至第 358 條

(三)瑕疵擔保責任之法律效果：減少價金或解除契約

二、甲得否對丙依民法第 360 條請求損害賠償？

(一)瑕疵擔保責任之成立要件：除第 354 條至第 358 條外，尚須欠缺出賣人保證品質，或出賣人故意不告知瑕疵。

(二)損害賠償範圍

三、甲得否對丙依民法第 227 條第 1 項、準用第 226 條第 1 項請求損害賠償？

(一)法律要件：

1.給付不完全：未盡告知義務？

2.可歸責於債務人之事由？

(二)法律效果：無法補正，準用第 226 條第 1 項

(三)與物之瑕疵擔保責任之關係

四、甲得否對丙依民法第 179 條請求返還所得利益？

(一)法律要件：

1.一方受損害，他方受利益

2.損益變動具有因果關係

3.無法律上之原因：乙若得撤銷其意思表示，並為撤銷之意思表示，則買賣契約自始無效。（見參）

㈡法律效果：返還所得利益

貳、委任契約與代理權之授與

甲乙間成立委任契約，甲並授與乙代理權，以利乙處理委任事務，因此，乙係以甲之名義與丙訂立買賣契約，契約當事人為甲丙（參酌民法第103條）。嗣後，就契約標的物之性質有爭議時，得主張權利者為甲。反之，若甲未授與乙代理權，則乙係以自己名義與丙締結契約，契約當事人則為乙丙。

參、錯誤之認定

由於本案例涉及代理，因此，尚須考慮應依據代理人或是本人判斷錯誤存在與否。依據民法第105條規定，代理人之意思表示是否有瑕疵，如錯誤、被詐欺脅迫等情事，應依代理人決定，除非於意定代理中，代理人係依本人之指示而為意思表示，始就本人判斷有無瑕疵存在之事由。案例中甲委任乙代為購買古董花瓶，對於契約標的並未為特定之指示，而係由乙依其知識經驗處理，因此，對於意思表示是否有錯誤，應依代理人乙決定，而乙因誤認該花瓶之性質，致其代甲所為之意思表示得撤銷。該意思表示一經撤銷，買賣契約即自始無效，由乙代甲支付之價金則不具有法律上之原因。

伍、其他勞務給付之非典型契約

一、非典型化契約之補充規定

民法第 529 條謂：「關於勞務給付之契約，不屬於法律所定其他契約之種類者，適用關於委任之規定。」以勞務給付為內容之契約，即所謂勞務契約，如不屬於法律所訂之其他契約類型，如僱傭契約、承攬契約等，則適用委任之規定。例如最高法院 103 年度臺上字第 2189 號判決，案中甲與乙簽署建置「陸軍戰區管理資訊系統」合作協議書，約定由甲提供諮詢服務，協助乙投標取得陸軍司令部戰區管理資訊系統建置專案。法院認為，依雙方簽訂之協議書第一條約定，甲須提供乙關於系爭建置專案之資料收集、技術討論、計畫書撰寫、簡報等服務，核屬以勞務給付為標的之契約，但與委任契約並非完全相同，又不屬於法律所定其他種類之契約，依民法第 529 條之規定，應適用關於委任之規定。

民法第 529 條之目的應在於避免非典型契約無法規可適用之窘境，在功能上似應類似於民法第 347 條規定：「本節規定，於買賣契約以外之有償契約準用之。但為其契約性質所不許者，不在此限。」惟就字義而言，「適用關於……之規定」係指擬處理之案件類型與擬引用之法條規範之案件類型，其法律事實相同，或在法規範上之評價同一；「準用……之規定」則係指擬處理之案件類型與擬引用之法條規範之案件類型，其法律事實並不相同，但屬於類似情形，因此，基於平等原則之考量，而採取同一之處理❷❻。依此，有償契約依民法第 347 條規定，在法律評價上並未被定性為買賣契約，因此，僅於性質所允許範圍內準用買賣之規定處理。而非典型化之勞務給付契約依民法第 529 條規定，在法律評價上卻被定性為委任契約，完全適用委任之規定，其妥適性似有疑問。

---

❷❻　黃茂榮，法學方法與現代民法，2009 年 8 月 6 版，頁 257–267。

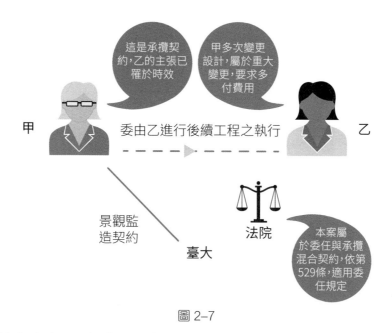

圖 2-7

以最高法院 103 年度臺上字第 560 號判決為例，案中甲於 93 年 12 月 1 日與國立臺灣大學就該校新竹生物醫學園區整體景觀細部設計監造委託技術服務案簽訂契約，並於 95 年 8 月底完成設計圖說及施工預算書，經該校核定。嗣因新竹生物醫學園區整體景觀工程後續執行工作移轉由乙負責，乙要求與甲重新簽約，兩造遂於 95 年 11 月 1 日簽訂權利義務內容相同之契約。惟簽約後乙多次配合甲辦理配置變更，變更圖面達 80% 以上，屬系爭契約約定所稱之重大變更，乙因此提出追加設計費用，卻遭甲拒絕，乙因此提起訴訟。甲則抗辯系爭契約為承攬契約，而系爭工程於 98 年 1 月 12 日竣工時起或於同年 5 月 11 日驗收合格之日起，上訴人（乙）即得請求報酬，卻遲至 100 年 8 月 31 日始起訴請求甲給付，已罹於消滅時效。

最高法院認為：「當事人所訂立之契約，係由承攬之構成分子與委任之構成分子混合而成，且各具有一定之分量時，其既同時兼有『事務處理』與『工作完成』之特質，即不能再將之視為純粹之委任或承攬契約，而應歸入非典型契約中之混合契約（司法院院字第二二八七號解釋參照），而成為一種法律

所未規定之無名勞務契約。復以委任契約為最典型及一般性之勞務契約，為便於釐定有名勞務契約以外之同質契約所應適用之規範，俾契約當事人間之權利義務關係有所依循，民法第五百二十九條乃規定：『關於勞務給付之契約，不屬於法律所定契約之種類者，適用關於委任之規定。』故有關由委任與**承攬二種勞務契約之成分所組成之混合契約，性質上仍不失為勞務契約之一種，自應依該條之規定，適用關於委任之規定**，庶符立法之旨意。本件系爭契約之名稱訂為『新竹生物醫學園區整體景觀細部設計監造委託技術服務案契約』，契約之標的包括『完成一定之工作』及『處理一定之事務』；且系爭契約之相關約定，部分帶有委任之性質，部分含有承攬之特性，為原審所認定。如果無訛，系爭契約既由委任之構成分子與承攬之構成分子混合而成，且各具有一定之分量，**其性質似應認為係委任與承攬所混合而成之無名勞務契約，而非純粹典型之承攬契約**。果爾，依上說明，即應適用關於委任之規定作為判斷兩造間權利義務關係之依據。乃原審見未及此，遽以上開理由認上訴人對於系爭契約之報酬請求權，應適用承攬人報酬請求權消滅時效二年期間之規定，進而為上訴人不利之論斷，尚嫌速斷。」

　　自上述判決理由可見，系爭契約在定性上屬於委任與承攬混合之無名勞務契約，本質上並非委任契約，卻因民法第 529 條規定而完全適用委任之規定。對於混合契約類型之無名契約應如何適用法律，向來有不同學說見解❷❼，**吸收說**認為應將契約內容區分為主要部分與次要部分，而適用主要部分之典型化契約規定，非主要部分則由主要部分吸收。**結合說**則認為應分解混合契約內容，並就其構成部分分別適用各該部分之典型化契約規定，再依當事人可推知之意思調和歧異，予以統一適用。**類推適用說**則認為混合契約既非法律所規範之契約類型，故應就契約內容之各構成部分分別類推適用各該典型化契約規定，此為通說見解❷❽。此外尚有學者主張，上述各種學說見解無法

❷❼　相關說明，見王澤鑑，註❺，頁 124。

❷❽　史尚寬，債法總論，1954 年 7 月 1 版，頁 10；林誠二，民法債編各論（上），

單獨圓滿解決混合契約之法律適用問題，因此，應依其利益狀態、契約目的，並斟酌交易慣例，以決定適用之法律規定，方為妥適❷。

　　由上述討論可見混合契約之特性，其契約內容係由二個以上之不同部分所組成，不同部分之重要性因個案契約約定、當事人意願等因素而有不同，因此，在援用典型化契約規定上產生極大差異性，難以得出一般性原則適用於所有混合契約。準此，縱使為避免非典型之勞務給付契約無法規可適用之窘境，規範上似應採準用方式較為妥適。

二、不動產經紀契約

　　不動產經紀契約依不動產經紀業管理條例第 4 條第 5 款之規範，係指從事不動產買賣、互易、租賃之居間或代理業務。目前實務上主要有二種類型：專任委託銷售契約與一般委託銷售契約，前者係指委託人委託仲介人後，不得自行出售或另行委託第三人從事與仲介人相同之行為；後者則無上述之限制約定。

(一)學　說

　　對於不動產經紀契約之性質，有認為屬於**居間契約**，理由在於該契約之目的係為媒介並促成不動產買賣雙方達成交易，縱使在契約中約定仲介人為當事人媒介買賣之機會外，尚得為當事人處理相關事務，亦不違反居間契約之本質。至於民法第 574 條規定，居間人就其媒介所成立之契約無為當事人給付或受領給付之權，則僅屬於訓示規定，而非禁止規定，因此，即使仲介人代為支付或受領之行為，亦不違反居間契約之規定❸。

　　2007 年 3 月 2 版，頁 18。

❷　王澤鑑，註❺，頁 124。

❸　曾泰源，不動產居間契約之研究，文化大學法律學研究所碩士論文，1991 年，頁 22-29。

另有認為不動產經紀契約之性質屬**委任契約**，理由在於仲介人之業務已逾越單純媒介行為，進而多經委託人授權代為要約或代受承諾等，基於其業務內容與受有代理權等，性質上較接近委任契約 **❸**。亦有認為仲介人之業務範圍廣泛，除媒介買賣機會外，並常伴隨其他業務，如代辦移轉登記、代辦銀行貸款等，故性質上屬於混合契約，應類推適用各有關規定 **❸**。

㈡實　務

實務如臺灣高等法院高雄分院 101 年度上易字第 44 號判決，認為不動產經紀契約約定由仲介人在委託人所定之條件下代尋買主，於買賣成交時，有權代為收受定金，使買賣契約成立，故此種契約並非單純居間契約或委任契約，而係**兼具居間及委任之混合契約**，因此，關於居間及委任之相關規定均得適用。

三、保險經紀契約

㈠學　說

保險經紀人依保險法第 9 條規定，係指「基於被保險人之利益，洽訂保險契約或提供相關服務，而收取佣金或報酬之人。」其與要保人間之契約關係，在性質上亦有不同之認定，有認為其業務內容在於媒介保險契約，雖然其因此所得之報酬僅得向保險業收取，但該佣金實則來自於要保人所繳之保費，故仍屬於有償契約，而符合**居間契約**之性質 **❸**。亦有認為保險經紀人與要保人間之關係屬於**委任關係**，理由在於保險經紀人係基於其豐富之保險經驗，為被保險人之利益，代向保險人洽訂保險契約 **❸**。尚有認為應依不同情

---

❸　簡佩如，不動產仲介法律問題研究，政治大學法律學研究所碩士論文，2003 年，頁 49–51。

❸　林誠二，註**❹**，頁 297。

❸　林誠二，註**❹**，頁 297。

形論斷保險經紀人與要保人之內部關係，將之定性為**居間與委任之混合契約，**以利當事人間之法律適用❸❺。

㈡實　務

至於法院實務見解則採認**居間契約**，如最高法院 104 年度臺上字第 221 號判決：「保險經紀人基於被保險人之利益，向保險人洽訂保險契約，但非逕為代訂保險契約，而係由要保人與保險人雙方自行簽訂，除保險法明文規定佣金轉向保險人收取外，依其處理事務性質而言，仍係從事報告訂約機會，故應優先適用民法居間規定，而非屬委任關係。」

四、信用卡契約

所謂信用卡契約係指，約定持卡人向發卡銀行請求信用卡之核發，之後憑卡於特約商店以簽帳方式作為支付消費帳款之工具，由發卡銀行代為處理結清該消費借款，嗣後另向持卡人請求償還。此種契約性質，目前通說認為屬於具有委任及消費借貸關係之混合契約❸❻。因此，依民法第 529 條規定，適用委任之相關規定，其中最受注意之問題在於發卡機構依民法第 546 條第 1 項規定向持卡人請求償還消費款項，然若信用卡遭盜刷時，發卡機構是否仍得逕依本條項之規定向持卡人請求償還消費款項，則有疑慮，關於此問題，於第六章、貳、二進一步說明。

---

❸❹　江朝國，保險法基礎理論，2012 年 3 月 5 版，頁 193。

❸❺　林勳發主持，林建智、汪信君協同主持，保險契約法相關法律問題及其解決對策，行政院金融監督管理委員會保險局 95 年度委託研究計畫案，頁 64。

❸❻　楊淑文，消費者保護法關於定型化契約規定在實務上之適用與評析，於：新型契約與消費者保護法，2006 年 4 月 2 版，頁 91；實務判決如臺北地方法院 83 年簡上字第 509 號判決、臺北地方法院 86 年簡上字第 582 號判決、嘉義地方法院 88 年簡上字第 31 號判決。

第三章 契約之成立

壹、原　則

依民法第 528 條規定，委任契約之成立無須書面或滿足其他形式要件，只須雙方當事人意思表示一致（民法第 153 條第 1 項規定參照），委任契約即為成立。

案例 3-1

甲主張受乙委託，代為出售乙位於○○路上之 A 房屋，並代為與丙簽訂買賣契約，因此，乙應依一般房仲業之報酬約定——即房屋售價之 5%——給付酬勞。乙則抗辯並未委託甲代售房屋，而是因為甲乙私交甚篤，與丙簽約當日，乙臨時有事，遂拜託甲代為前往締約。

說　明

壹、請求權基礎

一、甲得否向乙依有償委任契約請求報酬？

(一)法律要件：

　1.成立委任契約？（見貳）

　2.委任關係終止並已明確報告顛末：民法第 548 條

(二)法律效果：請求報酬

　1.約定報酬

　2.未約定報酬：民法第 547 條

貳、契約與好意施惠關係

甲乙之間是否成立契約不僅在於雙方對於契約內容是否意思表示一致，更在於雙方是否皆有受法律拘束的意思，即法律效果意思。換言之，雙方均有受法律拘束之意思下所為之意思表示，方為法律行為，在此即因意思表示一致成立契約，然若當事人欠缺法律效果意思，則當事人間即屬於好意施惠關係。至於如何區別契約與好意施惠關係，則可視當事人之約定為有償或無償為區分判斷，若約定為有償，通常多認定為契約；若約定為無償，則應解釋當事人之意思，以及斟酌交易習慣、誠信原則與當事人之利益等因素，並自相對人之觀點予以認定❶。當事人之約定若認定為好意施惠行為，則不生契約之效力。

類似之判決可參見臺灣高等法院 101 年度上易字第 1292 號判決，法院謂：「依社會常情一般人基於情誼，無償代友人處理不動產買賣事宜多有所在，兩造為多年之朋友，並有合夥關係，財務往來頻繁、密切，關係匪淺，上訴人稱被上訴人於授權之初即依仲介業界慣例約明 5% 仲介費用，與常情有違，而上訴人又非以不動產仲介為業，自無民法第 547 條規定之適用。」依此，因原告始終未能舉證雙方有仲介契約與仲介費用約定之事實，而駁回原告之訴。

貳、擬制規定

契約之訂定，當事人得以明示或默示之方式為意思表示（民法第 153 條第 1 項規定參照），但單純沉默原則上不生法律效力，而應與默示之意思表示相區別。例外情形則如民法第 530 條規定：「有承受委託處理一定事務之公然表示者，如對於該事務之委託，不即為拒絕之通知時，視為允受委託。」即係

---

❶　王澤鑑，債法原理，2012 年 3 月 4 版，頁 223。

以法律擬制當事人允受委託，以保障相對人之信賴。以下就民法第 530 條規定加以說明。

一、承受委託處理一定事務之公然表示

　　所謂承受委託處理一定事務之公然表示，係指對不特定人之公開表示願承受委託處理事務，解釋上包括所有公開以受託處理事務為業務之專門職業人士或公司行號，如律師、醫師、會計師、各類專業技師、工程顧問公司、管理顧問公司等。此之公然表示，由於對象為不特定人，對於承受委託處理事務之內容與相關條件亦不明確，性質上僅屬於要約之引誘，而非要約，否則，只須相對人委託其處理事務，委任契約即可成立，無須再有民法第 530 條之規定。

二、不即為拒絕之通知

　　由於公然表示承受委託處理事務屬於要約之引誘，因此，對之所為委託之意思表示，方屬要約，若無民法第 530 條規定，公開表示者未對於該要約為承諾或意思實現（民法第 161 條規定參照），要約即失去效力。然為保障委託人因公然表示承受委託處理事務所產生之信賴，並避免委託事務延宕無人處理所產生之不利益❷，民法第 530 條規定使公然表示者負有即為拒絕通知之義務。詳言之，公然表示者於收到處理事務之委託後，如不欲處理委託事務，應即為拒絕接收委託之通知，若未即為此項通知，則擬制其接受委託，委任契約即因此成立。至於即為拒絕之通知，解釋上應包含短暫之考慮時間，並應排除周末、國定假日與公然表示者請假日，方能於保障委任人之權益時，

---

❷　有謂本條係因此等職業或行業具有公益性、社會性，非一般事務之處理所能比擬，如林誠二，債編各論新解──體系化解說（中），2015 年 6 月 3 版，頁 242；亦有謂本條係為保障消費大眾，如邱聰智，新訂債法各論（中），2002 年 10 月 1 版，頁 197。

並兼顧公然表示者之利益❸。

參、處理權或代理權之授與

委任契約為諾成契約，然若受任人須以委任人之名義為法律行為，委任人則須授與代理權，此代理權之授與是否須以文字為之，規定於民法第 531 條：「為委任事務之處理，須為法律行為，而該法律行為，依法應以文字為之者，其處理權之授與，亦應以文字為之。其授與代理權者，代理權之授與亦同。」本條後段「其授與代理權者，代理權之授與亦同。」係於民國 88 年增訂，增訂理由為：「原條文『其處理權之授與』究何所指，學者間意見不一。實務上之見解，認為此之處理權，與代理權迥不相同。為免解釋上發生歧見；爰增列『其授與代理權者，代理權之授與亦同。』使處理本條委任事務時，僅授與處理權者，則該處理權之授與應以文字為之。如授與處理權及代理權者，則二者之授與，均應以文字為之，以示慎重，並杜爭議。」依此，於委任契約中如有授與代理權，該授與代理權之法律行為應以文字為之，自無疑義。

問題在於何謂「處理權」? 有認為處理權係專指事務處理權而言，與代理權無關❹；有認為處理權即指代理權❺；亦有認為在委任契約中有授與代理權時，此之處理權兼指內部處理權與外部代理權而言，若委任契約中未有授與代理權之情事，則處理權僅指內部處理權❻。而於民國 88 年增訂代理權之相關後，在條文並列處理權與代理權，自修正理由亦可得出二者均屬應以文字為之的範疇，故可推知本條規定保護委任人之意味濃厚，將書面要件提前

---

❸ Vgl. Weber, aaO. (Fn. 6), Art. 395 Rn. 3.

❹ 楊佳元，第十一章 委任，於：黃立主編，民法債編各論（下），2004 年 9 月 1 版，頁 74–75；邱聰智，註❷，頁 208–212；林誠二，註❷，頁 244。

❺ 錢國成，民法判解研究，1966 年 7 月 2 版，頁 55–56；戴修瓚，民法債編各論（下），1964 年 3 月 1 版，頁 111。

❻ 史尚寬，債法各論，1996 年 11 月 1 版，頁 364。

至委任契約成立時。詳言之，法律規定應以文字為之的法定方式，多半是考量該法律行為之嚴重性，因此，藉由法定方式之規定，使行為人能再三思慮，以避免匆促作成決定，而透過委任契約則是將事務委由他人處理，脫離委任人之控制範圍，相較於自己處理，可能產生更高的風險，故有本條規定，以更完善的維護委任人之權益❼。

承上，因委任授與處理權及代理權，如受任人所為之法律行為須以文字為之，則處理權及代理權之授與均應以文字為之，例如民法第 422 條規定，不動產租賃契約之期限如超過一年，須以字據訂立，若未以字據訂立，則視為不定期限租賃契約。又如民法第 758 條規定，不動產物權之移轉或設定，非經登記不生效力；且移轉或設定之法律行為應以書面為之。均屬於應以文字為之之法律行為，授權受任人代為時，該項授權亦應以文字為之。惟應注意的是，處理權之授與在於使受任人有權處理委任人之事務，屬於委任人與受任人之內部關係；代理權之授與則在於使受任人得以委任人之名義為法律行為，並使該法律行為之效力及於委任人❽。因此，未依民法第 531 條書面所授與之處理權與代理權均為無效，但所引起之後續法律關係不盡相同，詳言之，受任人基於無效之處理權所為之事務處理，屬於逾越處理權限範圍之行為，而可能成立民法第 544 條之損害賠償責任；至於受任人所為之代理行為，則因代理權之授與無效，而成為無權代理，適用民法第 170 條、第 171條與第 110 條等規定。

案例 3-2

　　甲為購買房屋供其母乙居住，遂委託好友丙投標購買房屋 A，丙收受甲之價款後，逕以自己名義購買該房屋，並於購得後轉售於丁。甲認為丙違反委任契約並構成侵權行為。丙則抗辯其與甲之間並無委任關係，此觀

---

❼　陳自強，契約之成立與生效，2014 年 2 月 3 版，頁 329–330。

❽　楊佳元，註❹，頁 74–75。

其間無任何文字授權可知，而甲所給予之價金係屬贈與。請說明甲丙間之法律關係。

說　明

一、委任契約

依民法第 528 條規定，委任契約為諾成契約，只須雙方當事人意思表示一致，委任契約即成立，不以書面等其他形式為成立要件。至於甲丙當事人間之約定為委任或是贈與，則須探求當事人之真意，無法僅因未以書面為之即為反面推論，不成立委任契約。

二、授與處理權與代理權

依民法第 531 條規定，基於委任授與受任人處理權及代理權為法律行為，如該法律行為須以文字為之，則處理權及代理權之授與亦應以文字為之，不動產物權之移轉依民法第 758 條規定，即為此例，因此，如由受任人代為處理不動產物權移轉之法律行為，委任人與受任人簽訂之委任契約須以文字為之，授與受任人之代理權亦應以文字為之。但如僅由受任人代為不動產之買賣契約，在民法第 166 條之 1 尚未施行前，仍屬於不要式行為，故委任契約與因之授與受任人之代理權均無須以文字為之（最高法院 91 年度臺上字第 1563 號判決參照）。

第四章 受任人之義務

壹、事務處理義務

一、委任範圍

依民法第 529 條規定，為委任人處理事務為受任人之主給付義務，至於受任人應處理事務之範圍，依民法第 532 條規定：「受任人之權限，依委任契約之訂定。未訂定者，依其委任事務之性質定之。委任人得指定一項或數項事務而為特別委任。或就一切事務，而為概括委任。」係由委任契約約定處理事務之範圍，然受任人之權限常非能以契約完全確定，例如委任人無法完全掌握欲委託之範圍，而常需透過諮詢、說明等，方能進一步確認；抑或如委任人於締約後欲擴大委託事務之範圍，因此，如未有約定者，則依委任事務之性質決定，以作為補充❶。至於委任事務之性質，應特別考量委任之目的與委任人之利益，而於受任人擁有特別之專業技能時，在判斷委任事務之範圍上應享有較大之決定空間❷。

(一)委任之種類

本條並將委託事務處理權限之方式，區分為特別委任與概括委任，就受任人之處理權限，分別規範於民法第 533 條與第 534 條，以下分別就特別委任與概括委任加以說明。

1.特別委任

所謂**特別委任**，係指委任人指定特定事務由受任人處理。依民法第 533

---

❶　Vgl. Weber, aaO. (Fn. 6), Art. 396 N 2.

❷　Vgl. Weber, aaO. (Fn. 6), Art. 396 N 3.

條規定，為特別委任時，受任人對於委任事務，得為委任人為一切必要之行為。所謂必要行為，既可為事實行為，亦可為法律行為，只須性質上為處理委任事務所必要，即屬於必要行為，受任人均得為之（臺灣高等法院92年上字第939號判決參照）。

　　若認定醫療契約為委任契約或類似委任之非典型契約時，對於醫師之醫療行為得否適用民法第533條，則有疑慮。基於病患自主權導致醫病關係改變，應認為醫療契約之內容不適用民法第533條規定，授權醫生為一切必要行為，而必須以告知同意之方式進行，即由醫師盡其說明義務，經病患同意各項醫療行為，醫師方得進行，以確保病患之權益❸。

2.概括委任

　　所謂**概括委任**，係指委任人概括性授與受任人處理事務之權限，即未具體指明一項或數項事務，則依民法第534條規定：「受任人受概括委任者，得為委任人為一切行為。但為左列行為，須有特別之授權：一、不動產之出賣或設定負擔。二、不動產之租賃其期限逾二年者。三、贈與。四、和解。五、起訴。六、提付仲裁。」概括委任之受任人原則上得為委任人為一切行為，但條文列舉六款事項，須另得委任人之授權，其立法目的旨在保護委任人，此自立法理由可知：「謹按受任人之受有概括委任者，雖得為委任人為一切法律行為，然亦須受限制。如有上列各款事項，係使委任人專負義務，或於其權利有重大變更，關係利害至為鉅大。此種事務，則非經委任人特別之授權，受任人即不得處理之。❹」本項規定係參酌瑞士債法第396條第3項而來，惟瑞士債法第396條第3項規定係指代理權之授權而言，其目的在於加強對

---

❸　薛瑞元，醫療契約與告知義務，月旦法學，第112期，2004年9月，頁43-44；吳志正，解讀醫病關係I，2006年9月1版，頁360-362；阮富枝，醫療行為之民事責任，法學叢刊，第230期，2013年4月，頁68。

❹　引自楊佳元，第十一章委任，於：黃立主編，民法債編各論（下），2004年9月1版，頁76。

於委任人之保護,以避免委任人承擔過高風險或其個人利益未能完全被考量。至於特別授權之方式係指委任人須明確表示授權,不得以默示為之,但本條項之規定並不要求書面為之❺。而我國參酌瑞士債法規定而訂定民法第 534 條但書,但書之特別授權究係指處理權抑或是代理權,似非絕無爭議。

㈡第 534 條但書之「特別授權」

1.實務: 指代理權

　　最高法院 81 年度臺上字第 521 號判決謂:「按和解、起訴及不動產之出賣等行為,須有特別之授權,民法第五百三十四條但書定有明文。被上訴人於五十七年七月十四日出國時,雖將身分證及木質印章各一枚,留交鄭金盆,然不能據此即認被上訴人有授與鄭金盆特別代理權,代理出售系爭土地及進行訴訟行為,或被上訴人應負授權人之責任。茲上訴人既不能證明被上訴人有授與鄭金盆特別代理權,則鄭金盆代理被上訴人與上訴人成立訴訟上和解,即有無效之原因; 其代理被上訴人出賣系爭土地應有部分, 在被上訴人承認前, 對於被上訴人亦不生效力。」最高法院 88 年度臺上字第 2817 號判決謂:「受任人欲為委任人為不動產之租賃,其期限逾二年者,須有特別之授權 (民法第五百三十四條但書第二款),則上開十年租期之租賃契約,可否以吳榮裕時經多時,才為反對之意思表示,可見其事後默示承認其子吳宗全出租之行為, 亦有詳查之必要。若上開十年租期之租賃契約對吳榮裕不生效力,斯時被上訴人占有系爭不動產,對吳榮裕而言,仍屬無權占有。」上述二則判決均將民法第 534 條但書之授權解釋為代理權之授與。

　　嗣後最高法院 98 年度臺上字第 1044 號判決謂:「按為委任事務之處理,須為法律行為,而該法律行為,依法應以文字為之者; 或受任人受概括委任得為委任人為一切行為,於為不動產之出賣或設定負擔行為時,委任人未依民法第五百三十一條或第五百三十四條但書第一款規定,以文字為代理權之

---

❺　Weber, aaO. (Fn. 6), Art. 396 N 14.

授與，或為特別之授權者，該受任人本於委任事務之處理，在代理權限內以代理人身分以本人（委任人）名義所為之法律行為，固因不備以書面為代理權授與之『代理權要式性』（僅代理權授與之行為無效），或為該不動產之出賣或設定負擔之特別授權，致成為無權代理（未經合法取得代理權）之行為。」由於判決中同時引用民法第 531 條與第 534 條但書，致其對於各該條文之解釋不甚明確，惟似亦將民法第 534 條但書之授權解釋為授與代理權❻。

2. 學者：指處理權

學者則多認為民法第 534 條但書之授權係指事務處理權❼，然有見解進一步指出，為保障委任人之權益，應參照民法第 531 條規範模式，於依民法第 534 條但書應特別授與處理權之情形，亦應類推適用第 534 條但書規定，要求委任人特別授與代理權❽。關於民法第 534 條但書之疑慮應與其違反之法律效果一併觀察，更能顯現問題之所在。

㈢違反第 534 條但書規定之效果

若違反特別授權之規定，有認為應將民法第 534 條解釋為強行規定，違反時其所為之法律行為無效❾。惟若民法第 534 條但書所為之特別授權係指處理權，則僅在於使受任人有權處理委任人之事務，屬於委任人與受任人之內部關係，欠缺該特別授權時，受任人之處理行為屬於逾越權限之行為，而有民法第 544 條之適用。至於受任人就該部分事務之處理，如與第三人進行法律行為，受任人可能以自己之名義為之，亦可能以委任人之名義為之，若

---

❻　延續同樣見解之判決尚有臺灣高等法院 99 年度上字第 1115 號判決。

❼　邱聰智，新訂債法各論（中），2002 年 10 月 1 版，頁 214；林誠二，債編各論新解──體系化解說（中），2015 年 6 月 3 版，頁 246–247；楊佳元，註❹，頁 77。

❽　楊佳元，註❹，頁 77。

❾　邱聰智，註❼，頁 219。

為前者，自無使該法律行為無效之理由；若為後者，則須視受任人是否有代理權限。

　　換言之，若受任人就此部分有代理權限，則其以委任人之名義所為之法律行為，雖逾越處理權限範圍，該法律行為之效力仍及於委任人；若受任人就此部分欠缺代理權限，則該法律行為因無權代理而屬於效力未定，適用民法第 170 條、第 171 條與第 110 條等規定。由此可見，若將民法第 534 條但書之特別授權解釋為處理權，當委任人對於受任人為概括式授與代理權時，縱使委任人違反民法第 534 條但書之規定未為特別授權，受任人以委任人之名義所為之法律行為，效力仍及於委任人，受任人僅依民法第 544 條負擔損害賠償之責。

　　因此，如欲完善保障委任人之權益，實應與瑞士債法第 396 條規定作相同解釋，即係指特別授與代理權。然比較我國民法第 531 條、第 532 條、第 533 條與第 534 條之規定，第 531 條於修法時增訂「其授與代理權者，代理權之授與亦同。」等字，顯示已將處理權與代理權區別對待，而第 532 條、第 533 條與第 534 條本文均為處理權之規範，因此，第 534 條但書之特別授權應指處理權之授權，較能維持體系之一貫性。是故，在現行規範模式下，對於代理權之授權類推適用民法第 534 條但書，不失為可行之方式。

　　此外，若受任人在未有特別授權之情形下為事務之處理，考量民法第 534 條但書之目的在於保障委任人，因此，受任人所為之事務處理事後如經委任人承認，應認為受任人即不因逾越事務處理權限而負擔民法第 544 條之損害賠償責任❿。

(四)第 534 條但書之特別授權方式

1.第 1、2、5、6 款之特別授權須以文字為之

　　至於本條之特別授權方式，法條並未明文規定，解釋上應無須以文字為

---

❿　不同意見，邱聰智，註❼，頁 219。

之，但因民法第 531 條規定之緣故，致本條第 1 款、第 2 款、第 5 款、第 6 款均須以文字為之❶。詳言之，第 1 款因民法第 166 條之 1 與民法第 758 條第 2 項規定，須作成公證書或書面，但由於民法第 166 條之 1 尚未施行，故此部分並不適用民法第 531 條之規定，僅不動產所有權移轉與設定負擔之法律行為，依民法第 531 條規定須以文字為處理權與代理權之授與。第 2 款則因民法第 422 條規定，而應適用民法第 531 條規定以文字為處理權與代理權之授與。第 5 款為起訴，依民事訴訟法第 244 條、第 441 條、第 470 條規定，刑事訴訟法第 320 條、第 350 條規定，訴願法第 12 條、第 27 條規定，行政訴訟法第 57 條規定，均須以書面為之，故亦應依民法第 531 條規定，以文字為處理權與代理權之授與。第 6 款之提付仲裁，依仲裁法第 1 條第 3 項規定，仲裁協議須以書面為之，故適用民法第 531 條規定，應以文字為處理權與代理權之授與。

2.第 3、4 款之特別授權無須以文字為之

至於第 3 款之贈與，有認為無須以文字為之❷，有認為不動產之贈與仍應以文字為之❸。第 4 款之和解，亦無須以文字為之。

由上述檢視民法第 534 條但書與第 531 條規定可見，第 534 條但書所列舉之事項多為民法第 531 條所涵蓋，而須以文字為處理權與代理權之授與，因此，除非認為以文字概括式授與處理權與代理權，亦符合民法第 531 條之要求，否則民法第 531 條與第 534 條但書則有重複規範之疑慮。

(五)第 534 條各款之說明

以下分就各款事項說明：

1.不動產之出賣或設定負擔

---

❶ 林誠二，註❼，頁 247；邱聰智，註❼，頁 218。

❷ 林誠二，註❼，頁 247。

❸ 邱聰智，註❼，頁 218。

　　本款係指委任人之不動產，包含不動產之出賣與不動產之設定負擔二部分。前者自文義而言，應指訂定不動產買賣契約，惟解釋上應包含不動產所有權移轉，方能更周全保障委任人。至於以不動產互易或其他有償行為，似亦應包含於本款之範圍內，較為妥適。此外，似亦包含不動產限定物權，如地上權、不動產役權等之買賣與移轉，較符合本款之立法目的❶。

　　不動產之設定負擔則係指於委任人之不動產上設定典權、抵押權、地上權、不動產役權等限定物權，致委任人之不動產物權受有限制。惟依其文義，僅指設定負擔之物權行為，但解釋上似應包含約定設定負擔之債權行為，更為恰當❶。

2.不動產之租賃其期限逾二年者

　　本款亦指以委任人之不動產出租，若租賃期限超過二年時，對於委任人之影響較鉅，故應另得委任人之授權。至於不動產出租未逾越二年，或動產出租，均不在本款之限制範圍。

3.贈　與

　　所謂贈與契約，係指一方以自己財產無償給與他人之契約，屬於單方負擔義務之無償契約，為保護委任人，故列為應另得委任人授權之事項。惟基於立法目的之考量，本款應指以委任人之財產贈與他人，贈與之標的究為動產、不動產或其他財產，均非所問，但應不包含委任人受贈之情形❶。至於因贈與所為之所有權移轉行為，條文所未提及，但有學者認為亦應適用本款規定❶。此外，非典型化契約中包含贈與之部分，解釋上，如該贈與部分並非附帶、不重要之部分，亦應有本條款之適用❶。

---

❶　邱聰智，註❼，頁 214–215。

❶　邱聰智，註❼，頁 215。

❶　邱聰智，註❼，頁 216。

❶　邱聰智，註❼，頁 216。

❶　Vgl. Weber, aaO. (Fn. 6), Art. 396 N 15.

4.和　解

所謂和解，係指有爭執之雙方當事人互相讓步，達成協議，以終止爭執。關於和解，民法與民事訴訟法分別有規定。民法第 736 條謂：「稱和解者，謂當事人約定，互相讓步，以終止爭執或防止爭執發生之契約。」其效力依民法第 737 條規定，使當事人所拋棄之權利消滅，並使當事人取得和解契約所訂明權利。民事訴訟法第 377 條第 1 項、第 379 條第 1 項規定，法院得隨時試行和解，試行和解而成立者，應作成和解筆錄，該和解依民事訴訟法第 380 條第 1 項規定，與確定判決有同一效力。此外，破產法第 6 條以下、仲裁法第 44 條以下亦有關於和解之規定。上述各種和解之法源依據雖有不同，但經由和解均變更當事人間之權利義務關係，故均應屬於委任中特別授權之範圍。

和解之外，尚有調解、調處等類似制度，目的亦在於透過當事人間之合意解決紛爭，但因本款規定未提及，因此，有認為除各該特別法另有規定外，解釋應無本款之適用❶❾。然亦有認為事涉當事人權益，應修法增列第 7 款，以涵蓋所有調解，如法院之調解（民事訴訟法第 403 條至第 407 條）、鄉鎮市公所之調解（鄉鎮市調解條例）、勞工局之調解（勞資爭議處理法）及行政院公共工程委員會之調解（政府採購法第 69 條）等，至於未增訂前，則應類推適用本款規定❷⓿。

5.起　訴

本款係指向法院提起訴訟，範圍上應包含民刑事一審之訴訟與二審、三審之上訴，以及反訴、再審之訴，涉及行政程序之訴願、再訴願與行政訴訟亦應包含在內，但不含刑事訴訟之告發與提出告訴。至於與起訴具有同一效力者，如依督促程序聲請支付命令、聲請調解、申請破產債權、聲請強制執行等（民法第 129 條第 2 項參照），有學者認為解釋上應無須委任人之特別授權❷❶。

---

❶❾　邱聰智，註❼，頁 216–217。

❷⓿　林誠二，註❼，頁 247。

6.提付仲裁

仲裁係指當事人將其紛爭交由仲裁人一人或數人組成之仲裁庭判斷，而非由法院判決。依仲裁法第 37 條第 1 項規定，仲裁人所作之判斷，對於當事人具有與法院確定判決之同一效力。

然如證券交易法第 166 條但書：「但證券商與證券交易所或證券商相互間，不論當事人間有無訂立仲裁契約，均應進行仲裁。」屬於強制仲裁之規定，因此，當事人無權決定是否接受仲裁，解釋上應無本款適用，理由在於受任人提付仲裁係依規定辦理，並無選擇之可能性，自無須另得委任人之特別授權[22]。

案例 4-1

甲重病臥床後，囑託其幼子丁全權管理家中經濟，包含收取租金等事宜，丁見房市大好，遂將位於市區之房屋以甲之名義出售與 A，惟尚未辦理所有權移轉登記，甲即辭世，丁之兄長乙、丙因辦理相關繼承事宜而知悉該房屋買賣事宜，遂主張基於民法第 531 條與第 534 條但書規定，甲與 A 之買賣契約無效。

說　明

壹、民法第 531 條

民法第 531 條所謂「該法律行為，依法應以文字為之」，係指處理委任之事務，須為法律行為，而此種依委任處理事務之法律行為，法律上明定應以文字為之而言。詳言之，受任人因處理委任事務須為特定之法律行為，且該法律行為依法律明文規定，應以文字為之，否則不生為法律效力，或

---

[21]　邱聰智，註[7]，頁 217。
[22]　邱聰智，註[7]，頁 217。

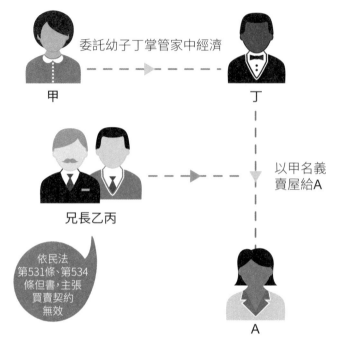

委託幼子丁掌管家中經濟

甲　　　　　　　丁

兄長乙丙

以甲名義
賣屋給A

依民法
第531條、第534
條但書，主張
買賣契約
無效

A

圖 4-1

另生其他法律效果。如民法第 758 條第 2 項規定，不動產物權之移轉或設定，應以書面為之，否則不生不動產物權移轉之效力。又如民法第 422 條規定，不動產之租賃契約，其期限逾一年者，應以字據訂立之，未以字據訂立者，視為不定期限之租賃。故於買賣不動產之情形，若所受委任之事務，僅為不動產買賣之債權行為，非為移轉或設定負擔之物權行為，即無委任須以文字（書面）為之的限制，兩者應加區別。

承上所述，丁以甲之名義與 A 締結買賣契約，問題在於丁是否經甲授權代為買賣契約，若是，則丁為有權代理，其所代為之買賣契約效力及於甲（民法第 103 條參照）；若否，則丁為無權代理，依民法第 170 條第 1 項規定，須經本人承認始生效力，因此，須視甲是否已就該買賣契約表示承認或拒絕，若甲尚未表示即已辭世，該效力未定之買賣契約則由其繼承人乙丙丁繼承，由其繼承人決定是否承認該買賣契約。至於民法第 531 條之

書面規定，由於民法第 166 條之 1 尚未施行，因此民法第 531 條之範圍不及於不動產買賣契約，故本案不適用民法第 531 條，亦即丁買賣 A 屋無須甲之書面授權。

貳、民法第 534 條但書

由於丁係將該房屋出售於 A，尚符合民法第 534 條但書第 1 款列舉之情事，因此，丁需要甲之特別授權。此之特別授權究係指處理權或代理權，雖不無疑問，但自民法第 531 條至第 534 條本文觀之，第 534 條但書之特別授權應指處理權，較能維持體系之一貫性。準此，甲應對丁授與特別處理權，丁之處理行為始未逾越處理權限之範疇。再者，由於處理權係指丁處理甲事務之權限，而不及於對外締結之法律關係，因此，丁與 A 所簽訂之買賣契約效力已於前述，不因甲無特別授與處理權而有不同。至於第534 條但書之特別授權並無形式上之要求，因此，甲以口頭授與特別授權亦無不可，僅於發生爭議時，丁負擔舉證之責，亦承擔難以舉證之風險。

案例 4-2

承上題，若丁係將位於市區之房屋以甲之名義出租與 A，約定出租期間為二年。嗣後甲過世，丁之兄長乙、丙因辦理相關繼承事宜而欲將該房屋收回使用，遂主張基於民法第 531 條與第 534 條但書規定，甲與 A 之租賃契約無效。

說　明

民法第 422 條關於租賃契約之規定，不動產租賃契約之期限逾一年者，應以字據為之，此即為民法第 531 條之「該法律行為，依法應以文字為之者」，故就該租賃契約，甲對丁授與代理權及處理權，均應以書面為之。未依民法第 531 條以書面授與之處理權與代理權均為無效，惟此時應注意處

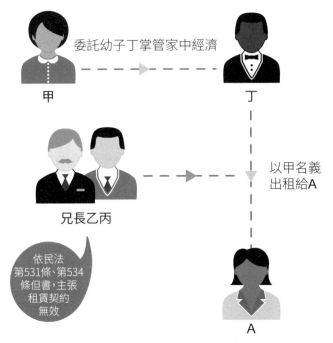

委託幼子丁掌管家中經濟

甲　　　　　　　　　　丁

兄長乙丙

以甲名義
出租給A

依民法
第531條、第534
條但書，主張
租賃契約
無效

A

圖 4-2

理權與代理權之差異，詳言之，**處理權**之授與在於使受任人有權處理委任人之事務，屬於委任人與受任人之內部關係，因此，受任人基於無效之處理權所為之事務處理，屬於逾越處理權限範圍之行為，而可能成立民法第544 條之損害賠償責任。**代理權**之授權則在於使受任人得以委任人之名義為法律行為，並使該法律行為之效力及於委任人，因此，受任人基於無效授與代理權所為之代理行為，即為無權代理，適用民法第 170 條、第 171 條與第 110 條等規定。

　　此外，由於甲對丁為概括授權，且丁與 A 之租賃契約屬於民法第 534 條但書第 2 款之事由，因此，甲須就房屋租賃的部分另為特別授權，但第 534 條但書之特別授權方式，法條並未明文規定，解釋上應無須以文字為之，因此，難因甲對丁之授權未以書面為之，即認定欠缺特別委任。但期限逾一年之不動產租賃契約依民法第 422 條規定，應以字據為之，故委任

他人訂定不動產租賃契約依民法第 531 條規定，其處理權與代理權之授與均應以文字為之。本案例中因欠缺甲授與處理權與代理權之文字，致甲之授權無效，丁以甲之名義締結之租賃契約即屬無權代理。由此案例凸顯民法第 531 條與第 534 條但書之問題，即除非認為概括式以文字授與處理權與代理權，亦符合民法第 531 條之要求，否則若嚴格依據條文字義解釋，而認為個別法律行為之授與處理權與代理權應以文字為之，則形式要求上比第 534 條但書更為嚴格，實無適用第 534 條但書之必要性。

二、事務處理原則

㈠遵從委任人指示

1.委任人之指示

⑴委任人得隨時給予指示

由於委任事務為委任人之事，處理結果最終由委任人承擔，因此，民法第 535 條規定，受任人處理委任事務，應依委任人之指示，使受任人於處理委任事務時，負有遵從委任人指示之義務。再者，為使概括委任之事務能具體化，或因應情事改變使事務之處理符合委任人之利益，委任人得隨時給予指示、改變或廢止已給予之指示[23]。但違法與違反公序良俗之指示，受任人無遵守之義務[24]。有別於指示的是委任人之提議或建議，此部分對於受任人處理委任事務不具有法律上之拘束力[25]。

⑵指示之性質

委任人對於受任人之指示，係指所有與委任事務相關之表示，如處理事務之原則、方式、過程等。至於指示之性質，有認為是有相對人之單獨行為，

---

[23]　Vgl. Weber, aaO. (Fn. 6), Art. 397 N 4.

[24]　Vgl. BGE 62 II 274.

[25]　Vgl. Weber, aaO. (Fn. 6), Art. 397 N 6.

為單方之意思表示㉖；有認為是意思通知㉗。二者之區別在於委任人之指示應適用或類推適用意思表示之規定。

(3)受任人違反指示之效果

至於違反委任人指示之法律效果，法條並未明確規範，學說與實務亦少有著墨。參酌瑞士債法第 397 條第 2 項規定，受任人除因情形變更外，若未遵從委任人之指示，須承擔因此所生之不利益，始得認為已履行其契約義務。該條項規定之目的在於具體化違反契約之責任原則，即受任人違反委任人之指示時，對於因此所生之損害，負擔具有可歸責事由之風險，除非該損害於依照委任人之指示亦將發生，受任人始得免負責任㉘。

我國委任雖然欠缺類似之規定，但自民法第 535 條之規範脈絡可見，受任人負有遵從委任人指示之義務，除委任人之指示不當或違法，或有急迫之情事外，受任人違反委任人之指示處理事務，實已違反其契約義務，委任人如因此受有損害時，在認定民法第 544 條之適用上，似可將受任人違反委任人指示一事推定為可歸責於受任人之事由，由受任人舉證其與損害之發生不具有因果關係，始得免除賠償責任。

2.受任人之告知與說明義務

對於委任人之指示，受任人雖有遵從之義務，但若指示與受任人之專業知識有關時，本於其專業性，受任人負有告知與說明義務㉙。至於其告知與說明義務之範圍，一方面須考量受任人之專業性，透過其告知與說明義務之履行，使委任人得以充分瞭解委任事務，以利其作出合理之決定；另一方面亦須避免過度擴張，致告知與說明流於漫無邊際，造成受任人不當負擔。

(1)醫師之告知與說明義務

㉖　楊佳元，註❹，頁 78。

㉗　邱聰智，註❼，頁 223。

㉘　Vgl. Weber, aaO. (Fn. 6), Art. 297 N 10.

㉙　楊佳元，註❹，頁 78。

①**實務：限於主訴病情範圍內**

就醫師之告知與說明義務而言，最高法院 96 年度臺上字第 2476 號民事判決依據醫師法第 12 條第 2 項第 3 款及醫療法施行細則第 52 條第 1 項第 2 款推論認為，**醫師之說明義務應限於主訴病情範圍內**。基隆地方法院 98 年度醫字第 2 號民事判決延續上開判決之見解，進一步指出：「醫師就危險說明義務之內容及範圍，應視一般有理性的病患所重視的醫療資料加以說明，其具體內容包括各種診療之適應症、必要性、方式、範圍、預估成功率、可能的副作用和發生機率、對副作用可能的處理方式和其危險、其他替代可能的治療方式和其危險及預後狀況、藥物或儀器的危險性與副作用等，非謂病患得漫無邊際或毫無限制要求醫師負一切之危險說明義務(最高法院 96 年度臺上字第 2476 號判決參照)。因此，醫療機構或醫師依前開規定所應說明之義務，當限於與手術必要性、手術及併發症風險之判斷、評估有關者為限，其未盡說明義務所應負之責任，亦限於因未盡說明義務，致病患承受手術失敗或併發症之結果。」最高法院 94 年臺上字第 2676 號刑事判決則謂：「醫師應盡之說明義務，除過於專業或細部療法外，至少應包含：㈠診斷之病名、病況、預後及不接受治療之後果。㈡建議治療方案及其他可能之替代治療方案暨其利弊。㈢治療風險、常發生之併發症及副作用暨雖不常發生，但可能發生嚴重後果之風險。㈣治療之成功率（死亡率）。㈤醫院之設備及醫師之專業能力等事項。」

由上述三則判決可見，對於醫師之告知與說明義務，法院在判斷上一方面須考量病人權益之維護，使病人得以充分掌握相關醫療資訊，但另一方面亦須避免義務範圍過於寬廣，導致臨床實際運作困難，徒增醫療成本。在此利益衡量下，實務對於醫師之說明義務似以主訴病症為主要範圍限制，其具體內容包含各種治療可能性、風險及副作用、併發症等。

②**學說：不以主訴病情為限**

學說見解亦嘗試從法律體系、醫療過程等面向建構不同程度之告知與說

明義務，以平衡當事人間之利益關係。自法律體系面向出發者嘗試區分侵權責任與契約責任，並認為就契約責任而言，醫院負有不以主訴病症科別為限之說明義務，如此解釋，對於目前醫院科別劃分過細、專科醫師只看專精病症部位或特定器官之情形，應較具有矯正功能，以避免病人於各科別奔波，欠缺對病人整體性之診斷❸。自醫療過程面向出發者依時間區分為醫療契約締結前與醫療契約進行中二部分，醫療契約締結前之說明義務在於使病人獲取相關資訊，以自主決定是否締結該契約；醫療契約進行中之說明義務則包含與契約履行有關之說明義務、與履行契約無直接關係之說明義務，前者如病人應如何正確用藥、飲食控制等，或病人放棄治療時，醫師應說明其危險性。後者如檢查治療過程中發現其他可能不健康之部位，醫師應告知並建議就診科別，以期更完整呈現醫師說明義務之範疇❸。

(2)建築師之告知與說明義務

　　至於建築師之告知與說明義務，板橋地方法院 93 年度簡上字第 124 號判決指出：「建築師為專門職業人員，就建築方面具有專業教育訓練與執業能力，委託人亦因對建築師之資格、能力、專業知識對之產生信賴，從而，建築師與委託人間具有高度信賴關係，若建築師提供具瑕疵之服務，自應對委託人因此所受之損害負賠償責任。至專業人員共通之契約義務則有：①**闡明義務：**即專業人員欲實現委託目的時，就關於其專業性、經濟性評價與建議具有重要性事實要件之釐清。②**專業審查義務：**首要者為專業人員對其專業之認識。一般而言，專業人員被要求對與委託任務相關規定之認識與注意應

---

❸　曾品傑，我國醫療民事責任之實務發展——兼論法國法對於我國實務之啟發，國立中正大學法學集刊，第 129 期，2010 年 4 月，頁 105；其他贊同者有邱琦，醫生沒有告訴我的話——論告知義務與不完全給付，月旦法學，第 164 期，2009 年 1 月，頁 43。

❸　侯英泠，從德國法論醫師之契約上說明義務，月旦法學，第 112 期，2004 年 9 月，頁 19–22；邱琦，註❸，頁 40–43。

達到詳盡之程度。雖專業人員不可能僅憑記憶完全認識所有法規、專業知識，但其於處理受委託事件時，應儘快就相關規定予以全盤掌握。③**建議與告諭義務：**若非委託人已明白表示其僅需要於一定方向獲得建議，否則，專業人員應負有為一般全面性並盡可能詳盡之告諭，應建議適合達到委託人目的之步驟方法，並勸諭委託人為弊害之防免。特別對於非專業人，應就其陳述效果予以諭知，並防免其錯誤，並應就其所企欲行為之經濟性危險予以告諭。④**採取較安全途徑義務：**專業人員應防免委託人之可預見危害。若有數措置可得採行時，應採取最安全與最無危險性之途徑。若有數方法可達到委託人之目的時，應選擇最安全者。」本判決自專業人員共通之契約義務導引出建築師對於委託人之義務，值得贊同與注意。換言之，建築師履行其契約時，一方面應符合委託人之需要，另一方面亦應考量其專業性，盡其告知與說明義務，使委託人充分掌握相關資訊❸❷。

　⑶律師之告知與說明義務

　　至於律師之告知與說明義務，在我國較少受到關注，但在法治國家此為重要不可忽視之議題，因此，有學者嘗試將律師之義務分類，並自各類型義務詳述其內容與範疇❸❸。與告知與說明義務相關者首推闡明義務，此係因委託人未必熟稔法律事務，致其陳述易流於不完整，因此，律師於判斷其法律關係時，不應以當事人之陳述為限，而應就事實進行審查與確認。至於闡明義務之範圍，包含法律相關事實，以及可能之證據方法，如是否持有契約、文書等物證，或如是否有證人得以證實某段事實經過❸❹。其次為建議與告諭義務，其目的在於使委託人能作出適當、得以維護其自身權利之決定，其範

---

❸❷　關於德國建築師義務之詳細說明，見：姜世明，建築師民事責任之基本問題——以德國法制及我國實務見解回顧為觀察基礎，東吳法律學報，第 24 期第 1 卷，2012 年 7 月，頁 13–14。

❸❸　姜世明，律師民事責任論，2015 年 8 月 2 版，頁 123–164。

❸❹　姜世明，註❸❸，頁 123–129。

圍包含與委託任務相關之所有法律問題，常見之重要項目有時效與程序上期間之問題、訴訟風險、相關費用、和解之締結與利弊、保險問題等❸❺。

3.變更指示

對於委任人之指示，受任人並非絕無變更之可能性，民法第 536 條規定：「受任人非有急迫之情事，並可推定委任人若知有此情事亦允許變更其指示者，不得變更委任人之指示。」依此，受任人符合二項要件時，得變更委任人之指示：⑴有急迫之情事：如無急迫情事，受任人欲變更委任人之指示時，應與委任人商議溝通，始不違反民法第 535 條之精神，故僅於急迫情事發生，不及與委任人溝通協議，方有本條之適用可能性。⑵可推知委任人若知有此情事應允許變更其指示：此應依客觀之相關情事，並依一般人之觀點判斷，若委任人知悉該情事，是否將允許變更其指示，屬於預先推定之判斷，即應以事件當時為判斷依據，而不應以結果論斷委任人是否允許變更指示❸❻。

以臺灣高等法院高雄分院 104 年度保險上字第 2 號判決為例，甲為照顧其子丙，委託其姊乙向國泰人壽投保系爭 A、B 保單，於投保後變更身故受益人為乙，並囑託其妥善照顧甲之子丙。甲於 101 年 9 月間死亡後，國泰人壽依 A、B 保單內容計算，於 101 年 9 月 26 日、10 月 1 日陸續給付於乙。乙於 101 年 10 月 1 日以自己為要保人、被保險人及期滿受益人，將自 A、B 保單所受領之保險金向國泰人壽投保系爭 C 保單，並指定丙為身故受益人。丙因此主張，乙投保 C 保單之行為違反甲對於委任事務之指示。法院認為，系爭 C 保單於 111 年 10 月已將滿期，但屆時乙僅 58 歲，以目前臺灣女性平均壽命已近 80 歲而言，乙領得 C 保單保險金之機率顯微乎其微。再者，丙目前年僅 9 歲，其就學階段之生活、教育所需費用遠高於其他階段，系爭 C 保單之保險金對於丙緩不濟急，故乙將所受領之保險金用以投保系爭 C 保單之結果，僅使上訴人得獲取保單業績及保險利益，丙除取得可能隨時遭變更

---

❸❺　姜世明，註❸❸，頁 139–147。

❸❻　Vgl. Weber, aaO. (Fn. 6), Art. 397 N 9.

或根本無法實現之身故受益人名義外，並無法利用甲所遺留之保險金，顯非甲之本意，從而認定乙已違反甲之指示。

　　若無民法第 536 條規定之情事，而受任人違反指示處理委任事務，受任人之行為即屬於違反債之本旨之給付，委任人自得拒絕接受，如因此受有損害，亦得依債務不履行之相關規定請求損害賠償❸❼。

㈡注意義務

　　受任人於處理委任事務時應盡之注意義務，依民法第 535 條規定，因委任契約之有償與無償而有不同，為民法第 220 條第 2 項之具體規定。

1.有償委任契約

　　於有償委任契約，**受任人對於委任事務應盡善良管理人之注意義務**，即負擔所謂**抽象輕過失**。善良管理人之注意義務係指通常合理人之注意，即與行為人具有相同智識能力、年齡、職業等條件之人所應盡之注意義務。

2.無償委任契約

　　於無償委任契約，**受任人負與處理自己事務為同一之注意義務**，即負擔所謂**具體輕過失**之責。然因每個人對於處理自己事務之注意能力有高低不同，因此，民法第 223 條規定：「應與處理自己事務為同一注意者，如有重大過失，仍應負責。」以重大過失為受任人注意義務之最低標準。至若受任人處理自己事務之注意能力若高於善良管理人之注意義務時，對於委任事務是否亦應盡此注意義務，有學者採否定見解❸❽，並援引最高法院民國 31 年 11 月 19 日決議為證：「民法規定應與處理自己事務為同一注意之本旨，係在減輕債務人之注意義務，此觀民法第五百三十五條、第五百九十條之規定自明。故平日處理自己事務所用注意，高於善良管理人注意者，如其履行債務，已盡善良管理人之注意，則雖未與處理自己事務為同一之注意，亦應該認為無過

---

❸❼　楊佳元，註❹，頁 79。

❸❽　林誠二，註❼，頁 248–249。

失。」

　　此外，受任人之過失責任則得由當事人合意免除，但應注意民法第 222 條之規定，即**故意或重大過失之責任，不得預先免除**，若以定型化契約為之時，尚應注意消費者保護法第 12 條與民法第 247 條之 1 之規定。

㈢自己處理原則

1.自己處理原則

　　由於委任關係建立於委任人與受任人之信賴關係，因此，民法第 537 條規定，受任人應自己處理委任事務，即自己處理原則。相對於此，若受任人再委託他人處理該委任事務，有稱之為**複委任**❸，但複委任通常係指受任人有數人之情形，即委任人就同一事物或一切事物，同時或先後委任數受任人處理，因此亦有稱此處之情形為**復委任**❹。為避免觀念上混淆或因讀音相同造成區辨上之困難，本書稱之為**替代處理**❹，依民法第 537 條規定，係以受任人自己處理為原則，替代處理為例外，例外之規定容後再述。

　　值得注意的是，實務上常見受任人將委任事務交由其指揮監督下之工作人員或員工處理，此應屬於民法第 224 條之履行輔助人，而不違反自己處理原則❹，有別於替代處理。至於履行輔助人與替代處理之區別標準，參考瑞士債法第 398 條第 2 項之實務運作，端視受任人是否將該第三人納入其履約組織中 (in seine Erfüllungsorganisation integriert)，或是否僅負責處理協助工作，抑或是受任人將全部或部分事務轉交第三人，以降低自身工作負擔。具體而言，受任人將事務轉交第三人，若該第三人具有獨立性，即不受受任人之指揮監督；或該第三人具有特別之專業知識，基於委任人之利益考量而交

---

❸　李淑明，債法各論，2015 年 1 月 7 版，頁 281–290。

❹　邱聰智，註❼，頁 227–231；林誠二，註❼，頁 250–252。

❹　楊佳元，註❹，頁 80–82。

❹　林誠二，註❼，頁 250; vgl. Weber, aaO. (Fn. 6), Art. 398 N 3.

由該第三人處理；或受任人欠缺經濟利益或直接利益等，均屬於替代處理❸。

　　受任人違反自己處理原則，且不符合替代處理之要件時，即屬於未依債之本旨提出給付，委任人得拒絕受領；如有造成委任人之損害，應依債務不履行之規定負損害賠償之責。

案例 4-3

　　甲委託會計師乙代為處理稅務之相關事務與申報，乙指示其僱傭之會計助理丙代為處理。嗣後因丙疏忽漏繳部分稅款，致甲遭行政機關裁罰十萬元，甲因此主張乙應負損害賠償責任。

說　明

壹、請求權基礎

一、甲得否向乙依民法第 544 條請求損害賠償？

㈠法律要件：（以下二項要件具有擇一關係）

　　1.**處理委任事務有過失（見貳）**

　　2.逾越權限之行為

㈡法律效果：損害賠償

二、甲得否向乙依民法第 227 條請求損害賠償？

㈠法律要件：

　　1.給付不完全

　　2.可歸責於債務人

㈡法律效果：準用關於給付不能或給付遲延之規定

---

❸　Weber, aaO. (Fn. 6), Art. 398 N 3.

貳、自己處理原則

依民法第 537 條規定，受任人應自己處理委任事務，為自己處理原則，即受任人不得無故將委任事務再委託第三人處理，此所禁止的是替代處理。本案例係由受任人乙之受僱人丙代為處理，丙為乙之履行輔助人，考量受任人乙對於受僱人丙有指揮監督之責，對於丙之履行行為，由受任人乙依民法第 224 條負擔與自己行為之同一責任，應認為乙之行為不屬於民法第 537 條禁止之範疇，而有別於替代處理中受任人與該第三人之關係。準此，乙對於甲負擔損害賠償之原因不在於乙違反民法第 537 條之自己處理原則，而是因為丙過失漏報繳部分稅金，乙依民法第 224 條為丙之行為負擔與自己行為之同一責任，因此，乙須依民法第 544 條負損害賠償責任。

2. 替代處理

若堅持自己處理原則，致委任事務停頓，並不符合委任人之利益，因此，民法第 537 條但書定有三項例外情形，得由第三人代為處理。此三種情形既為例外規定，在解釋上應從嚴解釋較為妥適❹❹。以下分別說明：

⑴經委任人之同意

若經委任人之同意，自得由第三人代為處理委任事務。此之同意可於締約時為之，亦得於締約後為之，且包含事前允許與事後承認，委任人得以明示或默示為之。若為事後承認，應適用民法第 115 條、第 116 條之規定。

⑵另有習慣

此之習慣係指交易習慣而言，如銀行受委託之匯款或收受款項，常有再委託其他國內外銀行處理之情事❹❺。

⑶有不得已之事由

---

❹❹ Vgl. Weber, aaO. (Fn. 6), Art. 398 N 5.

❹❺ 林誠二，註❼，頁 249。

　　受任人如有不得已之事由，亦得由第三人代為處理委任事務。所謂不得已之事由，應指不可歸責於受任人之事由，致有使第三人代為處理委任事務之必要，例如生病、兵役徵召或專業性考量❹等事，若僅因受任人事務繁忙，而不及自己處理委任事務，則不屬於本項之情形。

3.第三人代為處理事務

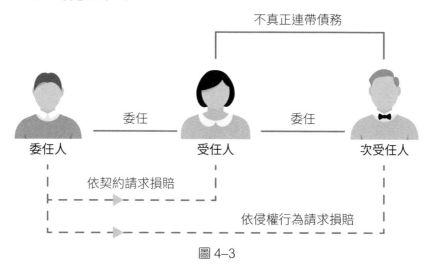

圖 4–3

⑴無權替代處理

　　若受任人不具備上述三種情形之一，而使第三人（次受任人）代為處理委任事務，則屬於無權替代處理，依民法第 538 條第 1 項規定，對於次受任人之行為，與就自己之行為負同一責任，而與民法第 224 條為相同之規定，因此，受任人縱無過失，亦應對委任人負債務不履行之責。

　　由於次受任人與委任人間無契約關係，因此，委任人無法依契約請求次受任人負擔損害賠償責任，而僅可能依侵權行為之規定請求。若次受任人依侵權行為之規定對委任人負損害賠償責任，與受任人依民法第 538 條第 1 項規定所成立之責任間，成立不真正連帶債務❹。所謂不真正連帶債務係指，

---

❹　Vgl. Weber, aaO. (Fn. 6), Art. 398 N 5.

❹　林誠二，註❼，頁 250–251；邱聰智，註❼，頁 228–229。

因相關之法律關係偶然競合所致，多數債務人之各債務具有客觀之同一目的，而債務人各負有全部之責任，債務人中之一人或數人向債權人為給付者，他債務人亦同免其責任（最高法院 97 年度臺上字第 453 號判決參照）❹。因此受任人於賠償委任人之損害後，其得依民法第 218 條之 1 規定請求委任人讓與其對於次受任人之損害賠償請求權❹。

⑵有權替代處理

若受任人具備民法第 537 條但書所列舉三種情形之一，而使第三人（次受任人）代為處理委任事務，則屬於有權替代處理，依民法第 538 條第 2 項規定，受任人僅就第三人之選任及其對於第三人所為之指示，負其責任。在過失原則解釋下，受任人僅對選任次受任人及對次受任人之指示有過失時，始負擔責任，而有別於第 1 項無權替代處理之規範。在有權替代處理，若受任人就第三人之選任及其對於第三人所為之指示無過失時，縱使次受任人代為處理事務有過失，受任人仍無須負責。於次受任人對委任人負損害賠償責任，且受任人亦依民法第 538 條第 2 項對委任人負賠償責任時，受任人與次受任人間成立不真正連帶責任，故受任人於賠償委任人後，得依民法第 218 條之 1 規定請求委任人讓與其對於次受任人之損害賠償請求權❺。

瑞士債法第 399 條第 2 項亦規定有權替代，第 1 項則規定無權替代，與我國民法第 538 條規定相仿，然而在學說倡議下，瑞士法院判決對於第 2 項之適用加上條文所未有之限制，即替代處理是否基於受任人之利益，如擴大業務之履行能力或增加營業額等，抑或是基於委任人之利益考量。若為前者之情形，受任人仍不得主張適用第 2 項之規定，以減輕自身之責任；僅於後者之情形，方得適用第 2 項規定。理由在於瑞士債法第 101 條第 1 項規定，

---

❹ 關於不真正連帶債務之討論，見：王千維，論可分債務、連帶債務與不真正連帶債務（下），中正大學法學集刊，第 8 期，2002 年 7 月，頁 24–53。

❹ 林誠二，註❼，頁 250–251；邱聰智，註❼，頁 229。

❺ 林誠二，註❼，頁 251。

債務人對於履行輔助人之行為，與自己之行為負同一責任（類似於我國民法第 224 條規定），但相對於此，瑞士債法第 399 條第 2 項規定則大幅限縮受任人之責任，對於代為處理委任事務之第三人，僅就選任與對其指示負擔責任，然考量受任人委由第三人代為處理事務之態樣眾多，似不應一概而論，故法院判決發展出上述之補充性判斷標準，以限制第 2 項之適用範圍❺❶。

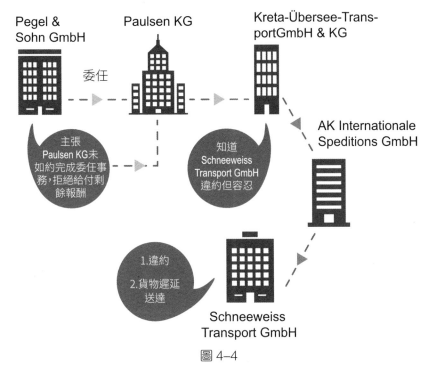

圖 4-4

例如 Pegel & Sohn GmbH 委託 Paulsen KG 將建材從德國的不來梅 (Bremen) 運送至沙烏地阿拉伯的利雅德 (Riyadh)，Paulsen KG 則與 Kreta-Übersee-Transport GmbH & KG 簽訂運送契約，Kreta-Übersee-Transport GmbH & KG 再委託 AK Internationale Speditions GmbH 運送，AK Internationale Speditions GmbH 則與 Schneeweiss Transport GmbH 簽訂運送契約，預計於 1978 年 5 月 10 日前送達，但 Schneeweiss Transport GmbH 為節省運費，而違

---

❺❶　Weber, aaO. (Fn. 6), Art. 399 N 3.

反原先約定，改將貨物運送至拉溫納（Ravenna，義大利都市名），然後以海運方式送至沙烏地阿拉伯，Kreta-Übersee-Transport GmbH & KG 獲悉採用此種運送方式後隨即提出抗議，但其後也容忍此種運送方式，該貨物遲至 1978 年 6 月 1 日始送達目的地。Pegel & Sohn GmbH 認為 Paulsen KG 未能如約定完成委任事務，因此拒絕給付剩餘報酬，Paulsen KG 則主張此為有權替代處理，依債法第 399 條第 2 項，僅對於第三人之選任與給予之指示負責，而 Paulsen KG 已盡其所有義務，故無須為 Schneeweiss Transport GmbH 違反運送約定之行為負責。

　　對此，瑞士聯邦法院認為，在適用債法第 399 條第 2 項規定上，學說見解多主張應區別不同類型之委任關係，以從嚴解釋本條項之適用範圍，因此，有權替代處理亦應考量受任人是否確保履約成果發生，以及替代處理是否基於委任人之利益考量，如透過委任之醫師或律師交由專家處理，抑或是基於受任人之利益，如擴大業務之履行能力或增加營業額等，依此項學說見解，本案屬於後者之情形，受任人仍應負擔全部責任，不得主張適用第 2 項之規定。惟瑞士聯邦法院同時指出，縱使不採取學說見解，本案情形至少仍應適用債法第 101 條第 1 項規定，由 Paulsen KG 對 Schneeweiss Transport GmbH 之行為負擔全部責任❷。

　　又如 H 夫婦擁有愛米里·加利（Emile Gallé，法國藝術家）之燈具一盞，A 於 1977 年 11 月 29 日向 H 夫婦提出 15,000 瑞士法郎之要約，要約有效至 12 月 10 日，由於 H 夫婦希望能先送鑑定以確定其價值，因此，H 妻於 12 月初聯絡位於蘇黎世之 S. Zürich 公司，與公司中的 V 接洽，並於 12 月 6 日再度與 V 詳談，希望能於 12 月 10 日獲得估價，V 則回覆，送 S. London 鑑定，需附上畫面清晰的照片，並承諾一收到照片將即刻送至倫敦，但無法保證鑑定結果於 12 月 10 日完成。詳談後，H 妻於當天稍晚即提供照片與相關說明給 V，S. Zürich 於 12 月 7 日以快遞將照片等資料送至倫敦，H 妻於

---

❷　BGE 107 II 238, 245.

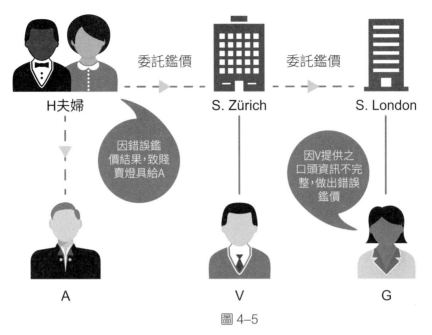

委託鑑價　　委託鑑價

H夫婦　　S. Zürich　　S. London

因錯誤鑑價結果,致賤賣燈具給A

因V提供之口頭資訊不完整,做出錯誤鑑價

A　　V　　G

圖 4-5

12 月 9 日詢問 V 鑑定結果,由於 V 尚未取得鑑定結果,因此致電倫敦詢問,又因照片尚未送達倫敦,因此,V 於電話中向專家 G 描述該燈具,但未提及該燈具規格,G 因此估計其價值介於 2,000 至 3,000 英鎊之間,V 告知 H 妻,並換算為 8,000 至 12,000 瑞士法郎之間。基於此項鑑定結果,H 夫婦於 12 月 17 日與 A 締結買賣契約,價金為 16,500 瑞士法郎。1978 年 2 月初,S. London 的 Gallé 專家 G 看到當初 H 妻提供之照片,發現該燈具並非大批製造之燈具,而是單獨完成之單一作品,價值應在 30,000 至 40,000 瑞士法郎之間,該專家旋即告知 S. London 負責人,並通知 H 夫婦,表示願意代為購回該燈具,但 A 已將該燈具轉售他人。H 夫婦因此要求 S. Zürich 負擔損害賠償之責,S. Zürich 則拒絕對此負責。

　　瑞士聯邦法院認為,債法第 398 條第 2 項為關於有權替代處理之規定,應與債法第 101 條第 1 項履行輔助人之規定相區別,前者之受任人僅就選任該第三人與對其所作指示負擔責任,後者之債務人對於履行輔助人之行為則須負擔完全責任。然基於有權替代處理之態樣繁多,適用債法第 399 條第 2

項規定不免令人有疑慮，因此，學說見解多主張應考量受任人係基於自身利益因素而由第三人處理，如擴大業務之履行能力或增加營業額等，抑或為委任人之利益考量，如透過委任之醫師或律師交由專家處理，在第一種情況下，實無使受任人因不須負擔債法第 101 條第 1 項規定而較一般債務人居於較佳之地位，由此推論則可正當化限縮債法第 399 條第 2 項規定之適用範圍，使本條項僅適用於因委任人之利益轉交第三人處理。至於本案情形，交由倫敦專家鑑定暨係為委任人之利益，亦係為受任人之利益，然 S. London 為其母公司，二家公司關係密切，據瞭解，S. Zürich 在瑞士舉辦珠寶首飾拍賣會，偶爾也為瑞士畫家之畫作舉辦拍賣會；S. Zürich 並代理 S. London 與買家或賣家聯絡，例如欲經 S. London 出售藝術品，即可透過 S. Zürich 聯絡；藝術品、骨董等物品之鑑定，係以 S. Zürich 作為聯絡處，因為 S. Zürich 欠缺相關專業人員；而於廣告文宣上亦以 S 集團作為一個整體提供相關服務；集團與 S. Zürich 在組織上均採行此種策略，以降低成本，同時能獲得最多客戶。基於二家公司間如此緊密之關係，彼此互相支援所需服務，從而欠缺適用債法第 399 條第 2 項規定，以減免受任人責任之理由，相反地，基於上述相關情事，S. Zürich 對於倫敦專家之行為，應負擔債法第 101 條第 1 項履行輔助人之責任❸。

(3)委任人與第三人之法律關係

①委任人對第三人（次受任人）有直接請求權

　　若基於委任人同意之有權替代處理，委任人與次受任人間是否亦成立委任契約，須依個案情形認定，若成立委任契約，則委任人得依契約關係向第三人請求履行契約內容與負擔債務不履行之責任。然若委任人與次受任人間未成立委任契約，委任人則難以依契約關係請求該第三人代為處理委任事務，有鑑於此，民法第 539 條規定：「受任人使第三人代為處理委任事務者，委任人對於該第三人關於委任事務之履行，有直接請求權。」使委任人得依此直接

---

❸　BGE 112 II 347, 353–354.

請求該第三人代為處理委任事務。其立法理由為：「按受任人所應處理之委任事務，已由第三人承擔代為處理者，此時應使委任人對於該第三人有直接請求履行關於委任事務之權。若必依順序，使委任人向受任人請求，再由受任人向第三人請求，則輾轉需時，殊鮮實益。❺❹」惟委任人並不因行使民法第539條之請求權，而與該第三人發生其他法律關係，該第三人自不得因此向委任人主張任何請求權，如報酬或處理事務之費用等❺❺，除非委任人透過同意或承認，而與該第三人另成立委任契約❺❻。

②第 539 條適用疑義

a.本條適用範圍

惟民法第539條在適用上有二項疑問。第一項疑問在於本條適用範圍是否包含無權替代處理。

多數見解認為本條之適用範圍包含有權替代處理與無權替代處理❺❼，主要理由有三項：⑴自文義觀之，條文並未區分有權替代處理與無權替代處理，故不應區別對待。⑵替代處理之禁止與例外規定係為保障委任人之權益，若僅肯認有權替代處理之委任人對次受任人有直接請求權，對於無權替代處理之委任人而言，實更有受保護之必要，卻無法對次受任人直接請求，反而違背替代處理之立法目的。⑶區分有權替代處理與無權替代處理之目的在於確認受任人之責任，而對於委任人對次受任人之直接請求權，則無此區分之必要❺❽。

然有不同見解指出，在有權替代處理之情形下，契約關係分別於委任人與受任人、受任人與次受任人之間，因此，有必要透過民法第539條規定建

---

❺❹　引自邱聰智，註❼，頁 230，註 56。

❺❺　邱聰智，註❼，頁 230。

❺❻　Vgl. Weber, aaO. (Fn. 6), Art. 399 N 7.

❺❼　楊佳元，註❹，頁 80；林誠二，註❼，頁 251–252；邱聰智，註❼，頁 230。

❺❽　林誠二，註❼，頁 251–252。

立委任人對於次受任人之請求權，以維護委任人之權益，但於無權替代處理之情形，委任人可依民法第 537 條請求受任人自己處理委任事務，對於次受任人所造成之損害，亦可依民法第 538 條第 1 項由受任人負擔全部責任，似不宜再適用民法第 539 條之規定，致使有權替代處理與無權替代處理之分界更形混亂[59]。

可供參考的是瑞士債法第 399 條第 3 項規定：「於前二項情形，委任人得依據受任人對於第三人之請求權，直接向該第三人請求。」此之「前二項情形」係指第 1 項之無權替代處理與第 2 項之有權替代處理。本項規定之理由在於委任關係中之替代處理，與第三人利益契約具有類似性，因此，應使委任人對於第三人享有直接請求權，較為妥適[60]。由瑞士債法之規定可見，其並未區分無權替代處理與有權替代處理，委任人對該第三人均享有直接請求權。

b.直接請求權之範圍

第二項疑問在於直接請求權之範圍，即委任人得請求之內容是否僅限於處理委任事務之給付，抑或是及於債務不履行之損害賠償。從條文文字觀之，應僅限於請求代為處理委任事務，但有學者認為，若為周延保護委任人之利益，則應包含損害賠償請求權為妥，或至少應包含債務不履行責任中與處理委任事務有關之部分，如次受任人不完全給付所生之補正請求權[61]。

可供參考的是瑞士法院判決，聯邦法院於判決中指出，債法第 399 條第 3 項係以法國民法典第 1994 條第 2 項為典範而來，後者之立法目的在於使委任人不受任何限制，得直接向替代處理之第三人請求。詳究債法第 399 條第 3 項之文字規範而言，學說見解一致認為若謹守文字規範，將委任人所得行使之請求權限於受任人對該第三人所享有者，將導出不恰當之適用結果，理

---

[59] 李淑明，註[39]，頁 289–290。

[60] Vgl. Weber, aaO. (Fn. 6), Art. 399 N 6.

[61] 邱聰智，註[7]，頁 230–231。

由在於委任人因替代處理而受有損害時，由於該損害係發生於委任人，而非受任人，因此受任人對替代處理之第三人欠缺損害賠償請求權，委任人難以據此向該第三人主張損害賠償。基於此項問題，學說見解普遍認為委任人得直接對該第三人主張之請求權，不以其為受任人對第三人所享有之請求權為限。至於其法律基礎，多數學說認為此非債法第 399 條第 3 項之適用範圍，而係源於受任人與該第三人間之契約關係，部分認為此契約為第三人利益契約，部分認為此係基於附保護第三人之契約理論。僅少數見解認為此種情形屬於債法第 399 條第 3 項之適用範圍，因為此係法定「第三人損害之清算」(Drittschadenliquitation)。惟無論何種見解均肯認委任人有權給予該第三人指示，該第三人如未遵從指示處理委任事務，委任人即對該第三人享有損害賠償請求權❷。

案例 4-4　有權替代處理

甲欲委託會計師乙代為處理報稅之相關事務，但乙表示目前事務繁多，助理又剛巧離職，恐難勝任，甲則堅持委託乙處理，並表示乙若分身乏術，可再委託他人處理。乙因此承接甲之報稅事務，後因事務繁忙而委託會計師丙處理，丙因疏忽而漏報部分稅款，導致甲事後遭裁罰十萬元。請說明甲得主張之權利。

說　明

壹、請求權基礎

一、甲得否向乙依民法第 538 條第 2 項與第 544 條請求損害賠償？

㈠法律要件：

　1.甲乙成立委任契約

---

❷　BGE 121 III 310, 314–315.

2.民法第 544 條：

⑴**處理委任事務有過失：（見貳）**

　a.由丙處理為有權替代處理：民法第 537 條

　b.乙依民法第 538 條第 2 項負責

⑵逾越權限之行為

㈡**法律效果：損害賠償**

二、甲得否向丙依民法第 539 條與第 544 條請求損害賠償?

㈠**法律要件：使第三人代為處理委任事務**

㈡**法律效果：委任人對於該第三人有直接請求權（見參）**

貳、有權替代處理

　　依民法第 537 條規定，以受任人自己處理委任事務為原則，以但書所列之三種情形為例外，得委由次受任人代為處理委任事務。但書所列之例外情形分別為經委任人之同意、另有習慣及不得已之事由，而案例中甲為使乙代為處理其事務而同意乙得再委由他人處理，屬於經委任人同意之例外情形，故屬於有權替代處理。於有權替代處理時，對於次受任人處理委任事務所致生之損害，依民法第 538 條第 2 項規定，受任人僅就對於次受任人之選任及其對於次受任人所為之指示，負其責任，因此，受任人對於次受任人之選任與指示若無疏失，即無須負責。

參、民法第 539 條之請求權範圍

　　由於甲與丙間未成立契約關係，亦不因乙之再委任行為而使甲丙間成立債之關係，因此，民法第 539 條規定，委任人對於次受任人關於委任事務之履行，有直接請求權。若從條文文字而言，委任之請求權範圍似以處理委任事務為限，換言之，委任人僅得向次受任人請求處理委任事務，而

不包含請求賠償因處理委任事務所生之損害。然有學者認為，若為周延保護委任人之利益，則應包含損害賠償請求權為妥，或至少應包含債務不履行責任中與處理委任事務有關之部分，如次受任人不完全給付所生之補正請求權。若依此見解，則甲可向丙請求損害賠償。

案例 4–5　無權替代處理

　　甲委託會計師乙代為處理報稅之相關事務，但乙承接甲之事務後始發現業務繁忙，且助理相繼離職，為免業務拖延過久，乙遂將甲之報稅事務委託會計師丙處理，丙因疏忽而漏報部分稅款，導致甲事後遭裁罰十萬元。請說明當事人間之法律關係。

說　明

壹、請求權基礎

一、甲得否依民法第 538 條第 1 項與第 544 條向乙請求損害賠償？

㈠法律要件：

　1.甲乙成立委任契約

　2.民法第 544 條：

　⑴**處理委任事務有過失：（見貳）**

　a.由丙處理為無權替代處理：民法第 537 條

　b.乙依民法第 538 條第 1 項負責

　⑵逾越權限之行為

㈡法律效果：損害賠償

二、甲得否依民法第 539 條與第 544 條向丙請求損害賠償？

㈠**法律要件：使第三人代為處理委任事務，含無權替代處理？（見參）**

㈡**法律效果：委任人對於該第三人有直接請求權**

貳、無權替代處理

依民法第537條但書規定，如經委任人之同意、另有習慣及不得已之事由，則得委由第三人代為處理委任事務，屬於有權替代處理。然案例中會計師乙於承接甲之事務後發現業務繁忙，且遇到助理相繼離職之情事，是否屬於不得已之事由，實有疑問。所謂不得已之事由，應指不可歸責於債務人之事由，致有由第三人代為處理委任事務之必要，例如生病、兵役徵召等事，若僅因受任人事務繁忙，而不及自己處理委任事務，則非屬於不得已之事由，以維護委任人之權益。準此，案例中會計師乙之情事應不屬於不得已之事由，故其委由丙代為處理甲之事務，屬於無權替代處理，依民法第538條第1項規定，委任人就次受任人之行為，與就自己之行為，負同一責任。

參、第539條之適用範圍

有疑問的是民法第539條規定是否適用於無權替代處理之情形，亦即無權替代處理時，委任人得否依民法第539條向次受任人請求處理委任事務。多數見解基於三項理由認為本條之適用範圍包含有權替代處理與無權替代處理：⑴自文義觀之，條文並未區分有權替代處理與無權替代處理。⑵替代處理之禁止與例外規定係為保障委任人之權益，若僅肯認有權替代處理之委任人對次受任人有直接請求權，對於無權替代處理之委任人而言，實更有受保護之必要，卻無法對次受任人直接請求，反而違背替代處理之立法目的。⑶區分有權替代處理與無權替代處理之目的在於確認受任人之責任，至於委任人對次受任人之直接請求權，並無此區分之必要。

此外，自比較法觀點而言，與我國替代處理之規定相類似的是瑞士債法第399條第3項規定：「於前二項情形，委任人得依據受任人對於第三人之請求權，直接向該第三人請求。」此之前二項情形係指第1項之無權替代

處理與第 2 項之有權替代處理。其規範理由在於委任關係中之替代處理，與第三人利益契約具有類似性，因此，應使委任人對於第三人享有直接請求權，較為妥適，由此可見，亦未區分無權替代處理與有權替代處理，委任人對該第三人均享有直接請求權。

至於我國反對見解則認為，在有權替代處理之情形下，契約關係分別存在於委任人與受任人、受任人與次受任人之間，因此，有必要透過民法第 539 條規定建立委任人對於次受任人之請求權，以維護委任人之權益，但於無權替代處理之情形，委任人可依民法第 537 條請求受任人自己處理委任事務，對於次受任人所造成之損害，亦可依民法第 538 條第 1 項由受任人負擔全部責任，似不宜再適用民法第 539 條之規定，致使有權替代處理與無權替代處理之分界更形混亂。

三、讓與委任事務處理請求權

由於委任契約建立於雙方信賴關係上，因此，相對於受任人之自己處理原則，依民法第 543 條規定：「委任人非經受任人之同意，不得將處理委任事務之請求權，讓與第三人。」委任人亦不得未經受任人之同意，逕將其委任事務處理請求權讓與第三人。

貳、報告義務

對於委任事務之處理，受任人負有報告義務，以利委任人瞭解委任之相關情事，從而得以參與事務之進行與相關決定，故民法第 540 條規定：「受任人應將委任事務進行之狀況，報告委任人，委任關係終止時，應明確報告其顛末。」依此，報告義務分為二部分：

一、報告委任事務進行之狀況

於委任關係中，受任人應報告委任事務進行之狀況，使委任人得以瞭解並參與委任事務之進行。至於受任人何時應為報告，法條並未明確規定，應考量交易習慣，依個案情形認定，依誠信原則為之。若經委任人請求為委任事務之報告時，解釋上受任人應立即為之❸。

可供參考的是瑞士債法第 400 條第 1 項規定與相關實務運作。瑞士債法第 400 條第 1 項規定，基於委任人之請求，受任人有義務報告委任事務之進行，以及交付所有因處理委任事務所取得者。明文規定受任人之報告義務，理由在於此為受任人交付因處理委任事務所收取物與移轉權利之基礎，同時也是委任人瞭解委任事務處理經過之依據，例如受任人是否已盡其義務、受任人是否依循委任人之指示，甚至於是否應主張損害賠償等❹。基於報告義務，受任人應及時 (rechtzeitig) 提供相關訊息，資訊應與事實相符 (wahrheitsmäßig)，並應詳細完整 (vollständig)。至於處理委任事務產生之收入與支出，受任人應詳細清楚列入，並提供相關單據，使委任人得以據此瞭解主要經過，並查驗其正確性❺。另一方面，報告義務亦受誠實信用原則所拘束，而不應附加受任人逾越誠實信用原則之報告義務，如要求過度詳細之收支明細，或要求隨時能提出詳細收支明細等，均已逾越誠實信用原則❻。

二、事務終止顛末之報告

於委任關係結束時，受任人應向委任人明確報告其顛末，即受任人應詳細明確報告處理委任事務之始末。本條之目的在於使委任人得以結算與接收

---

❸　林誠二，註❼，頁 252。

❹　Weber, aaO. (Fn. 6), Art. 400 N 1a, 3.

❺　Weber, aaO. (Fn. 6), Art. 400 N 4, 7–8; BGE 110 II 181, 183.

❻　Weber, aaO. (Fn. 6), Art. 400 N 8.

委任事務，並有助於委任人主張民法第 541 條金錢物品及孳息交付請求權，以及其他損害賠償請求權❻。

參、利益交付義務

一、金錢、物品及孳息之交付

於委任關係期間，受任人若因處理委任事務而收取金錢、物品或孳息，由於此等利益本歸屬於委任人，因此，受任人於收取後有交付於委任人之義務，故民法第 541 條第 1 項規定：「受任人因處理委任事務，所收取之金錢、物品及孳息，應交付於委任人。」受任人收取之金錢在性質上屬於非特定貨幣之債，受任人應交付於委任人者為相等價值之貨幣，而非收取之特定貨幣，因此，受任人無給付不能之可能性。至於物品則係指金錢以外之動產與不動產，如承租人返還之汽車、房屋等。孳息依民法第 69 條規定，可分為天然孳息與法定孳息二種，天然孳息係指果實、動物之產物及其他依物之用法所收穫之出產物；法定孳息則指利息、租金及其他因法律關係所得之收益。

受任人於處理委任事務中尚可能自其他第三人取得利益，此是否亦屬於交付義務之範疇，或可參考瑞士相關之實務見解。例如被告 A 為基金會 U 管理財務，對於被告應負擔交付義務之範圍，瑞士聯邦法院認為，受任人之交付義務不僅包含直接自委任人取得、用以履行委任契約之財物，尚包含受任人因處理委任事務自第三人所取得之間接利益 (indirekte Vorteile)，換言之，只須受領之利益與處理委任事務具有內在關聯性 (innerer Zusammenhang)，如折扣、傭金或賄賂款項等，受任人即負有交付與委任人之義務，而無須考慮給予該利益之第三人的意願是否僅在於使受任人受惠；反之，若受任人受領之利益與處理委任事務欠缺內在關聯性，則無須交付委任人。於系爭案例中 A 所獲取的是銀行所提供之傭金 (Finder's Fee)，係基於 A 管理基金會 U 所委

---

❻　楊佳元，註❹，頁 85。

託之金錢而來，自與處理委任事務具有內在關聯性，而負有交付義務❻❽。

　　受任人於委任關係中所取得之金錢、物品或孳息，負有交付於委任人之義務，若應取得而未取得，自無法交付，而屬於未依債之本旨處理委任事務，應負擔不完全給付之責。至於交付係指移轉對於金錢、物品或孳息之占有，屬於事實行為。受任人何時應履行其交付義務，法條未有明定，解釋上似應認為其性質屬於未定期限債務❻❾，依民法第 229 條第 2 項規定，須經委任人催告，受任人仍未給付時，自受催告時起，始負遲延責任。於委任關係終止時，受任人則應於關係終止時交付收取之金錢、物品或孳息，否則即負遲延責任。至於受任人已收取之金錢，與委任人之費用償還義務（民法第 546 條參酌）間具有對待給付關係，而得主張同時履行抗辯❼❶。

案例 4-6

　　甲製造各式家具，為拓展銷售通路，將八組家具寄放於乙的賣場販售，並約定乙應以定價之六折作為成本價支付給甲。惟甲寄賣半年間，未接獲乙任何通知，而欲結束寄賣關係。

說　明

壹、請求權基礎

一、甲得否向乙依據民法第 577 條、第 540 條請求報告委任事務?(見貳)

(一)甲乙之契約為行紀

(二)報告義務

---

❻❽　BGE 132 III 460, 464–465.

❻❾　邱聰智，註❼，頁 234。

❼❶　楊佳元，註❹，頁 85。

二、甲得否向乙依據民法第 541 條第 1 項請求交付已收取之金錢?

㈠甲乙之契約為行紀

㈡交付已收取金錢、物品與孳息之義務（見參）

三、甲得否向乙依據民法第 767 條第 1 項前段請求返還未售出之家
　　具?（見肆）

㈠甲為家具之所有權人

㈡乙為無權占有

貳、行紀契約

　　所謂行紀契約，依民法第 576 條規定，係指以自己名義，為他人計算，為動產之買賣或其他商業上之交易，而受報酬之營業。案例中甲將家具寄放於乙處販售，對於售出之家具，乙應以定價之六折為成本價支付給甲，顯示乙係為甲計算，為家具之買賣，實際出售價格與成本價間之差額則為乙之報酬，故甲乙之寄賣契約為行紀契約。行紀契約本質上亦為處理委任人之事務，故性質上屬於委任契約，依民法第 577 條規定，除行紀另有規定外，適用委任之規定。因此，依民法第 540 條規定，乙負有報告委任事務進行狀況之義務，於委任關係結束時，並負有明確報告顛末之義務。

參、交付已收取金錢、物品與孳息之義務

　　承上，甲乙之契約適用委任契約之規定，依民法第 541 條第 1 項規定，受任人因處理委任事務而收取之金錢，負有交付於委任人之義務。由於法條未明定受任人應履行交付義務之時間，解釋上似應認為其性質屬於未定期限債務，依民法第 229 條第 2 項規定，須經委任人催告，受任人仍未給付時，自受催告時起，始負遲延責任。於委任關係終止時，受任人則應於關係終止時交付收取之金錢、物品或孳息，否則即負遲延責任。因此，就

已售出之家具，乙負有交付已收取金錢之義務，應交付之金額以定價之六折計算。

肆、因契約而來之占有權限

承上，甲基於契約關係而將家具寄放於乙之營業場所，並未移轉家具所有權，因此，甲仍為家具所有權人，但甲已移轉占有與乙，以便於乙代為出售家具，故於契約存續期間，乙之占有為有權占有，於契約關係結束後，乙之占有即轉為無權占有。因此，對於未售出之家具，乙負有返還之義務。

二、權利移轉

㈠受任人有移轉權利之義務

受任人所收取之權利，包括動產與不動產之所有權、智慧財產權等，可能以自己之名義取得，亦可能以委任人之名義取得。若以委任人之名義取得權利，受任人自無須再為權利之移轉；但若受任人係以自己之名義取得權利時，依民法第 541 條第 2 項規定：「受任人以自己之名義，為委任人取得之權利，應移轉於委任人。」受任人則負有移轉權利之義務。

㈡「權利」之範圍

1.學說見解歧異

至於本條之權利，有學者認為僅限於物權與其他具有支配性之權利，而不包含債權❼❶；亦有學者認為應包含債權、物權等所有權利❼❷。

2.實務：包含債權

---

❼❶　邱聰智，註❼，頁 236。

❼❷　楊佳元，註❹，頁 88。

　　最高法院 45 年臺上字第 637 號判例謂：「上訴人基於繼承其父之遺產關係而取得系爭房屋所有權，原與其叔某甲無涉，某甲之代為管理，曾用自己名義出租於被上訴人，如係已受委任，則生委任關係，依民法第五百四十一條第二項之規定，受任人以自己名義為委任人取得之權利，故應移轉於委任人，如未受委任則為無因管理，依同法第一百七十三條第二項之規定，關於第五百四十一條亦在準用之列，均不待承租之被上訴人同意而始生效，從而某甲將其代為管理之系爭房屋,因出租於被上訴人所生之權利移轉於上訴人，縱使未得被上訴人之同意，亦難謂不生效力，上訴人自得就系爭房屋行使出租人之權利。」顯然認為民法第 541 條第 2 項之權利包含債權。

㈢受任人怠於移轉債權，委任人得否行使第 242 條代位權？

　　若受任人以自己之名義取得債權而怠於移轉與委任人時，委任人得否依民法第 242 條代位行使該債權，亦有不同見解。

1.實　務

　　最高法院 77 年臺上字第 251 號判決謂：「民法第五百四十一條第二項規定，受任人以自己名義，為委任人取得之權利，應移轉於委任人。依此項規定，受任人僅有將以自己名義為委任人取得之權利，移轉於委任人之義務，並無將未以自己名義為委任人取得之權利，移轉於委任人之義務。本件被上訴人委任之受任人莊某以自己名義向上訴人買受 B 部分土地後，既未以自己名義取得該土地所有權，依上開說明，莊某僅有將以自己名義取得之 B 部分土地買受權，移轉於被上訴人之義務，並無將未以自己名義取得之該土地所有權，移轉於被上訴人之義務，即被上訴人僅有請求莊某將以自己名義取得之 B 部分土地買受權，移轉於伊之權利，並無請求莊某將未以自己名義取得之該土地所有權，移轉於伊之權利。」似採否定見解。

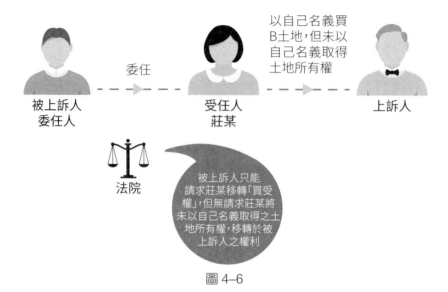

被上訴人
委任人　　　　　委任　　　　受任人
莊某

以自己名義買
B土地，但未以
自己名義取得
土地所有權

上訴人

法院

被上訴人只能
請求莊某移轉「買受
權」，但無請求莊某將
未以自己名義取得之土
地所有權，移轉於被
上訴人之權利

圖 4-6

2.學　說

　　惟學者多認為此之被上訴人請求移轉系爭土地所有權之依據不在於民法第 541 條第 2 項，而應為民法第 242 條關於代位權之規定，即被上訴人依民法第 242 條規定請求上訴人將土地所有權移轉與受任人莊某，再依民法第 541 條第 2 項請求莊某將土地所有權移轉與被上訴人❼。至於代位權之要件，依民法第 242 條規定有三項：⑴存在債權債務關係：欲行使代位權之人與被代位之人間須存在債權債務關係，而於委任關係中，委任人與受任人間基於民法第 541 條第 2 項規定所生之權利移轉請求權應屬之。⑵須債務人怠於行使其權利：債務人應行使之權利在法律上屬於能行使、但於事實上債務人卻不行使的狀態。⑶須有保全債權之必要：此之必要係指債權人若不代位行使權利，將有害於其受償之權益。委任人於滿足此三項要件時，應得代位受任人行使其權利。

❼　王澤鑑，委任人不得代位行使受任人以自己名義為委任人取得之權利？──最高法院七十七年臺上字第 251 號判決之檢討，於：民法學說與判例研究㈥，1990 年 9 月 2 版，頁 227–236；林誠二，註❼，頁 255；楊佳元，註❹，頁 88；詹森林，民事法理與判例研究，1998 年 11 月 1 版，頁 151。

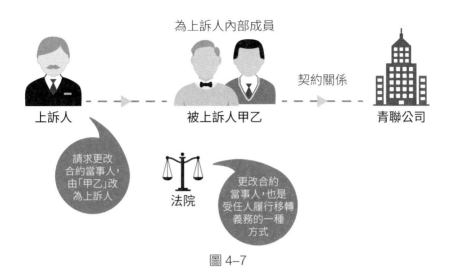

圖 4-7

　　此外，值得注意的是最高法院 88 年度臺上字第 1204 號判決，案中被上訴人甲、乙等二人為上訴人內部安家計劃小組成員，受其委任，於民國 81 年 7 月 29 日以自己名義與被上訴人青聯工程顧問有限公司（下稱青聯公司）訂立「深坑大專教師社區申請開發許可工程」委託合約書（下稱系爭合約），青聯公司就該合約所應得之報酬，向上訴人請求給付，並開立統一發票予上訴人，嗣因上訴人內部人事異動，且乙於 84 年 11 月 14 日寄發聲明書，表示不再為系爭合約之當事人，青聯公司並不否認上訴人為系爭合約之真正委託人，因此，為名實相符，曾多次請求將系爭合約之當事人名義變更，均為被上訴人所拒。故上訴人請求命被上訴人同意就系爭合約之委託人名義由甲與乙名義變更為上訴人。對此，最高法院指出：「按受任人以自己名義與他人為法律行為，因而為委任人取得之權利，委任人得依民法第五百四十一條第二項規定，請求受任人將該法律行為所生之權利移轉於委任人。如受任人以自己名義為委任人訂立契約取得債權時，僅該受任人得向他方當事人請求履行債務，在受任人未將其債權移轉於委任人時，委任人不得逕向他方當事人請求履行。故委任人與他方當事人間，須受任人將其契約取得債權移轉於委任人，其一方始得根據該契約所生權利，向他方有所主張或請求。是受任人苟經該契約

之他方當事人同意之下，似非不能以將其與他人所為契約之當事人主體變更為委任人之方式，以實現其將該契約所生之權利義務移轉於委任人之目的。**可見受任人同意與他人所為契約之當事人主體由『受任人』名義變更為『委任人』名義，應屬受任人履行移轉權利於委任人之附隨義務。」**亦屬於民法第541 條第 2 項之適用範圍。

案例 4-7

　　有鑑於各式創意產業前景看好，甲因此計畫購買適合之場地，將部分空間規劃出租給其他新創團體，並保留部分空間作為自用，以從事手機應用程式之開發。為落實此想法，甲委任乙代為處理，並授與代理權。嗣後，甲發現乙代購之房屋土地、締結之租賃契約等，均係以乙之名義為之，因此，要求將房屋土地所有權、租賃契約之債權，以及開發手機應用程式所生之智慧財產權，移轉於甲之名下。請問甲之主張是否有理由。

說　明

壹、請求權基礎

一、甲得否向乙依民法第 541 條第 2 項請求移轉取得之權利？

㈠法律要件：

　1.甲乙間成立委任契約

　2.受任人以自己之名義，為委任人取得之權利

㈡**法律效果：移轉權利與委任人（見貳）**

貳、移轉權利之義務

　　在委任契約關係中，受任人所取得之權利，可能以自己之名義取得，

亦可能以委任人之名義取得，若受任人係以自己之名義取得權利時，依民法第 541 條第 2 項規定，受任人負有移轉權利之義務。惟本條所指之權利範圍，容有不同見解，有認為僅限於物權與其他具有支配性之權利，而不包含債權，若依此見解，本案例之甲固得請求移轉房屋土地之所有權、開發手機應用程式所生之智慧財產權，但不得要求移轉租賃契約之債權。另有學者認為應包含債權、物權等所有權利，依此，則包含租賃契約之債權，甲均得請求移轉。

三、違反移轉義務之效果

㈠負債務不履行之責

受任人違反上述之義務時，應負擔債務不履行之責，委任人因此所生之請求權，其消滅時效依民法第 125 條規定為十五年。此外，受任人之行為亦多構成侵權行為，而負侵權責任，並發生契約責任與侵權責任之請求權競合問題。如最高法院 52 年臺上字第 188 號判決：「被上訴人主張上訴人（三灣鄉農會職員）因離職移交未清而請求給付之款項，除合於侵權行為，得行使損害賠償請求權外，其基本之法律關係，乃為委任契約返還處理事務所收取金錢之請求權（民法第五百四十一條第一項），上訴人雖主張損害賠償之請求權消滅時效已完成，而基於委任契約所生之上開請求權，顯未逾民法第一百二十五條之時效期間。」

㈡契約責任與侵權責任

關於契約責任與侵權責任之請求權競合關係，主要有三種學說。

1.法條競合說

首先為法條競合說，該說認為基於同一事實同時符合契約責任與侵權責任之要件時，依特別法優先於普通法之原則，僅得適用債務不履行之規定❼。

我國早期係採此項見解，如最高法院 43 年臺上字第 752 號判例：「侵權行為，即不法侵害他人權利之行為，屬於所謂違法行為之一種。債務不履行為債務人侵害債權之行為，性質上雖亦屬侵權行為，但法律另有關於債務不履行之規定。故關於侵權行為之規定，於債務不履行不適用之。民法第二百三十一條第一項，因債務遲延所發生的損害賠償請求權，與同法第一百八十四條第一項，因故意或過失不法侵害他人之權利所發生之損害賠償請求權有別，因之基於民法第二百三十一條第一項之情形所發生之賠償損害請求權；無同法第一百九十七條第一項所定短期時效之適用，其請求權在同法第一百二十五條之消滅時效完成前，仍得行使之，應為法律上當然之解釋。」惟嗣後最高法院 63 年臺上字第 1988 號判決：「契約責任與侵權責任競合時，學說上固有採取法條競合說，認為行為人僅就契約上之義務負責者。惟對於人身自由權之侵害若亦採此見解，則若干保護人身權之規定，必將受限制而無由發揮其作用。為求符合立法意旨及平衡當事人之利益起見，對於本件情形，應認為債權人得就其有利之法律基礎為主張。」似對於法條競合說加以修正。

2. 請求權競合說

其次為請求權競合說，該說認為同一事實同時符合契約責任與侵權責任時，其所生之請求權得獨立併存，由權利人選擇行使。77 年第 19 次民事庭會議提出之問題為：A 銀行徵信科員甲違背職務故意勾結無資力之乙，高估乙之信用而非法超貸鉅款，致 A 銀行受損害（經對乙實行強制執行而無效果），A 銀行是否得本於侵權行為法則訴請甲為損害賠償？對此之決議為：「我國判例究採法條競合說或請求權競合說，尚未盡一致。惟就提案意旨言，甲對 A 銀行除負債務不履行責任外，因不法侵害 A 銀行之金錢，致放款債權未獲清償而受損害，與民法第一百八十四條第一項前段所規定侵權行為之要件相符。A 銀行自亦得本於侵權行為之法則請求損害賠償，甲就核無不當。」顯已改採請求權競合說。基於請求權競合說之理論，權利人固然得自由選擇

---

❼❹　鄭玉波著，陳榮隆修訂，民法債編總論，2002 年 6 月 2 版，頁 372。

行使請求權，然為顧及契約法之特別規定得以落實，不致因侵權行為法之規定而落空，因此，如有此種情形時，則應例外限縮侵權責任之請求權，例如民法第 434 條規定減輕承租人之失火責任，僅對重大過失所致生之損害負賠償責任，若不限縮民法第 184 條之適用，將使民法第 434 條對於承租人之保護規定無法落實❼❺。

3. 請求權規範競合說

最後為請求權規範競合說，該說認為同一事實符合契約責任與侵權責任之要件時，就其本質而言，並非產生二個獨立併存之請求權，而是產生一個請求權，但該請求權具有二個法律基礎，即契約責任與侵權責任❼❻。

肆、使用金錢所生支付利息與賠償損害之責任

受任人因處理委任事務所取得之金錢，本應交付委任人或為委任人之利益所使用，若受任人為自己之利益使用時，依民法第 542 條規定：「受任人為自己之利益，使用應交付於委任人之金錢或使用應為委任人利益而使用之金錢者，應自使用之日起，支付利息。如有損害，並應賠償。」受任人負有支付利息和賠償損害之責。

一、支付利息

受任人如有使用委任人之金錢時，由於該金錢利益屬於委任人，因此，自使用之日起受任人應支付利息，一般稱為擬制利息，性質上屬於法定利息。至於利息之計算，如當事人未有約定時，則依民法第 203 條規定，以週年利率為百分之五計算。

---

❼❺　王澤鑑，侵權行為法，2015 年 6 月 3 版，頁 88–89；林誠二，債法總論新解──體系化解說（下），2013 年 2 月 2 版，頁 122。

❼❻　王澤鑑，註❼❺，頁 93。

二、賠償損害

委任人若受有損害，受任人尚應負損害賠償之責，但由於條文文字未有「過失」等字，因此，受任人之損害賠償責任是否以過失為要件，則有爭議。有學者認為此之損害賠償責任為無過失責任，委任人只須證明受任人有使用之事實，即得請求損害賠償❼。亦有學者認為受任人之行為係屬債務不履行之給付遲延或不完全給付，因此所負之賠償責任皆以過失為要件，故民法第542條後段規定之目的，僅在於闡示受任人之賠償責任不因請求支付利息而受影響，並非將損害賠償責任提升為無過失責任❼。

觀察本條所規範之情形，係指受任人為自己利益使用屬於委任人之金錢，由於此項行為本身即具有可非難性，因此，似可認為立法者將該行為評價為可歸責於受任人之事由，而使受任人負有損害賠償之責，故解釋上似可認為條文省略主觀要件等用字，並非為無過失責任之規定，亦非為債務不履行之特別規定，而係因受任人之行為已被評價為可歸責之事由，故因此所生之損害，受任人均應負賠償責任，無須再論究其利用行為是否具有故意或過失。

如受任人利用委任人之金錢而獲有利益，有見解認為受任人無須交付所得利益與委任人❼，惟此是否恰當似有疑慮，而應認為委任人得依民法第177條第2項規定主張，即管理人明知為他人之事務，而為自己之利益管理之，本人得享有因管理所得之利益，但本人對於管理人所負之費用償還、損害賠償等義務，則以其所得利益為限。

---

❼　林誠二，註❼，頁256；邱聰智，註❼，頁238。
❼　楊佳元，註❹，頁90。
❼　邱聰智，註❼，頁238。

案例 4-8　轉投資失利

　　甲於臺灣擁有數間房屋，但因業務關係常往返於臺灣與美國二地，而無暇照管其房屋，因此委託乙代為管理出租事宜。乙見甲事務繁忙，無暇詢問房屋出租相關事宜，又見 A 國經濟起飛，遂挪用代甲收取之租金，投資 A 國多支股票，頗有獲利。惟某日 A 國竟發生強震海嘯，致其國內人員傷亡慘重，建設亦嚴重受損，股市等均重挫，據估計恢復至少需要一年以上。某日甲得空欲瞭解房屋出租事宜與相關收益，始發現上述事實。請說明甲得對乙主張之權利。

圖 4-8

說　明

壹、請求權基礎

一、甲得否向乙依民法第 542 條請求損害賠償？

㈠法律要件：

　　1.受任人使用屬於委任人之金錢：

　　⑴使用應交付於委任人之金錢

　　⑵使用應為委任人利益而使用之金錢

　　2.受任人係為自己之利益使用

3. 受任人有可歸責之事由？（見貳）

㈡**法律效果：**賠償因此所生之損害

二、甲得否向乙依民法第 184 條第 1 項前段請求損害賠償？

㈠**法律要件：**

1. 加害行為

2. 侵害權利

3. 具有因果關係

4. 行為人有故意或過失

5. 具有不法性

6. 行為人有責任能力

㈡**法律效果：**賠償因此所生之損害

三、契約責任與侵權責任之競合關係

貳、民法第 542 條之損害賠償責任

　　由於民法第 542 條關於損害賠償之規定未出現「過失」等字，因此，受任人之賠償責任是否以過失為要件，則有爭議。有學者認為此之損害賠償責任為無過失責任，委任人只須證明受任人有使用之事實，即為已足。然有學者認為民法第 542 條後段規定之目的，僅在於闡示受任人之賠償責任不因請求支付利息而受影響，並非將損害賠償責任提升為無過失責任，故受任人仍須有故意或過失，始負賠償責任。二者之差別即如本案例所示，乙之投資確有獲利，如無強震海嘯之天然災害，應可期待繼續獲利，因此，對於強震海嘯所造成之投資損失，乙是否屬於可歸責，如因其不可預測性而認為屬於不可歸責於乙，則採無過失責任說，乙仍應負賠償責任，而採過失責任說，乙即不負賠償責任。惟自乙之挪用金錢行為而言，該行為本身即具有可非難性，而不應允許受任人為之，準此，似可認為立法者於規

範第 542 條後段時，即已將該行為評價為可歸責於受任人之事由，而使受任人負有損害賠償之責，故此規範雖非屬於無過失責任之規定，但亦無須再論究受任人之故意過失，即應使其為所生之損害負賠償責任。

案例 4-9　轉投資獲利

承上例，惟 A 國並未發生強震海嘯等天災，因此，某日甲得空欲瞭解房屋出租事宜與相關收益，發現乙獲利頗豐。請說明甲得對乙主張之權利。

圖 4-9

說　明

壹、請求權基礎

一、甲得否向乙依民法第 179 條請求返還所得利益？

㈠法律要件：

　1.一方受損害

　2.他方受利益

　3.損益變動具有因果關係

　4.沒有法律上之原因

㈡法律效果：返還所得利益（見貳）

二、甲得否向乙依民法第 177 條第 2 項請求返還所得利益?（見參）

㈠法律要件:

　　1.管理人明知為他人事物

　　2.管理人為自己之利益管理

㈡法律效果: 準用民法第 177 條第 1 項之法律效果

貳、不當得利之返還利益範圍

　　不當得利之法律效果固為返還所得利益，但應返還之範圍，則有諸多討論。由於通說係採「損害大於利益，以利益為準; 利益大於損害，以損害為準」之判斷原則❽，因此，當受領人之所得利益較受損害人所受損害為大時，考量該大於損害之獲利部分係源於受領人之自身之特殊能力或設備等因素，而與受損害人無涉，自不在應返還之範圍內❿。準此，案例中乙挪用代甲收取之房租轉投資 A 國股票之獲利，係基於乙之投資能力，似不在民法第 179 條應返還之範圍內。

參、不法管理

　　承上，然法律制度不應保障不法行為所獲得之利益，因此，民國 88 年增訂民法第 177 條第 2 項，其理由即為:「無因管理之成立，以管理人有『為他人管理事務』之管理意思為要件。……若明知係他人事務，而為自己之利益管理時，管理人並無『為他人管理事務』之意思，原非無因管理。然而，本人依侵權行為或不當得利之規定請求損害賠償或返還利益時，其請求之範圍卻不及於管理人因管理行為所獲致之利益，如此不啻承認管理人得保有不法管理所得之利益，顯與正義有違。因此宜使不法之管理準用

---

❽　如最高法院 104 年度臺上字第 715 號判決。

❿　孫森焱，民法債編總論（上），2008 年 8 月修訂 2 版，頁 177; 林誠二，債法總論新解——體系化解說（上），2010 年 9 月 1 版，頁 286-287。

適法無因管理之規定，使不法管理所生之利益仍歸諸本人享有，俾能除去
經濟上之誘因而減少不法管理之發生，爰增訂第二項。**❷**」依此規定，對
於明知為他人事務，但為自己之利益而為管理者，即為不法管理，受損之
一方得準用第 177 條第 1 項規定，享有全部之所得利益。故本案甲應得依
民法第 177 條第 2 項規定請求乙返還所有獲利。

伍、其他義務

　　基於契約之誠實信用原則，除上述法條明定之義務外，受任人尚負有保
護委任人之利益不受侵害之附隨義務，以下參酌瑞士學說與實務見解，就保
密義務與避免利益衝突二項主要之附隨義務，加以說明。

一、保密義務

　　基於委任關係中所獲悉之事實，受任人負有保密義務，以避免影響委任
人之利益，因此，保密義務不因委任關係消滅而結束，而須視委任人之利益
而定**❸**。若基於處理委任事務或維護受任人之利益等原因而有公開委任人秘
密之需要時，則須採取利益衡量，僅於達到目的之必要範圍內公開秘密**❹**。
就此部分，瑞士法院之判決或可提供參考。例如受被繼承人委任處理遺產事
宜，對於繼承人不得主張保密義務，而拒絕遺產之相關資訊**❺**。又如律師為
其當事人處理離婚案件，嗣後因當事人拒絕給付報酬，致該律師須以訴訟方
式請求給付報酬，為使訴訟順利進行，該律師主張與其當事人個性、婚姻狀
況、經濟狀況等相關之各項因素均不受保密義務之限制。但法院認為基於律

---

❷　王澤鑑，債法原理，2012 年 3 月 4 版，頁 403–404。

❸　Vgl. Weber, aaO. (Fn. 6), Art. 398 N 11.

❹　Vgl. Weber, aaO. (Fn. 6), Art. 398 N 13.

❺　BGE 82 II 555, 567.

師與當事人間之信賴關係所產生之保密義務，不僅包含當事人自身之秘密，並包含所有經由當事人所知悉之訊息，以及當事人與律師間之互動關係，而律師基於維護其報酬請求權，僅得提供與該委任相關之工作範圍、時數與爭訟標的有關之資訊，對於該當事人之個性、當事人與律師間之互動關係，該律師之保密義務仍不因此解除❽❻。

二、避免利益衝突

　　瑞士債法第 398 條第 2 項規定：「受任人處理委任事務應忠實，並應盡其注意義務。」依此，受任人負有忠實義務 (Treuepflicht)，即受任人應採取所有足以達成委任目的之必要行為，並避免所有足以造成委任人損害之行為❽❼。我國民法雖無類似之規定，但應可從誠實信用原則導引而來，作為受任人之附隨義務，因此，除已明文規定之義務及前述保密義務外，最主要的附隨義務尚有避免利益衝突，即受任人處理委任事務時，應避免自己與委任人之利益衝突，如圖利自己，或為維護自己利益而造成委任人之損害等情形發生。我國民法第 106 條即為具體規範之一例，依此規定，受任人如以委任人之名義與自己締結契約，須得本人之許諾，否則，該代理行為之效力未定，須待本人同意，其效力始及於本人。至於其他未明文規定之情形，則應透過附隨義務之認定，以維護委任人之利益。

---

❽❻　BGE 97 I 831, 838.

❽❼　Weber, aaO. (Fn. 6), Art. 398 N 8.

第五章 受任人債務不履行之責任

壹、對委任人之責任

一、民法第 544 條規定

受任人於委任關係存續中未盡其契約義務，應負債務不履行之責。此外，民法第 544 條規定：「受任人因處理委任事務有過失，或因逾越權限之行為所生之損害，對於委任人應負賠償之責。」列舉二項受任人應負賠償責任之事由：(1)處理委任事務有過失；(2)因逾越權限之行為致生損害。

就第一項事由而言，過失與否之判斷標準應依民法第 535 條決定，即有償委任契約受任人負善良管理人之注意義務，無償委任契約受任人負擔與處理自己事務同一之注意義務。

有疑問的是第二項事由之規定，相較於第一項事由之規定，本項規定文字上未有「過失」二字，因此，對於逾越權限所造成之損害，受任人是否均應負賠償責任，則有爭議。

(一)過失責任說

有學者認為受任人因逾越權限之行為所造成之損害，屬於不完全給付，因此，受任人之損害賠償責任，自以故意或過失為要件，然若受任人就其逾越權限已有過失時，則無須再論其事務處理是否有過失，即應對損害負擔賠償責任；若受任人對於逾越權限並無過失時，則仍須對事務處理有過失，始負賠償責任❶。

---

❶ 楊佳元，第十一章委任，於：黃立主編，民法債編各論（下），2004 年 9 月 1 版，頁 91。

（二）無過失責任說

　　亦有學者認為，受任人逾越權限之行為，通常即有違反注意義務之情事，因而導致委任人受有損害，自屬不完全給付，本條明定受任人之賠償責任，目的在於避免受任人主張無過失而免責，故受任人逾越權限時係負擔無過失責任❷。

　　比較條文中所提及之二種情形，處理委任事務本身並無可非難性，而逾越權限則多屬於可非難之行為，因此，似可認為立法者對於逾越權限之行為已假設受任人有過失，從而在條文用字上出現差別規範之現象，但是否即可因此認為立法者對於逾越權限之行為，係要求受任人負無過失責任，則不無疑問，準此，對於逾越權限之行為，受任人仍須有過失始負賠償責任，較為妥適。惟應注意的是，大多數逾越權限之行為本身即可認定受任人具有過失，僅少數情形基於維護委任人利益之行為方得以排除過失之成立。

二、民法第 544 條與第 227 條之關係

（一）學說實務少有論述

　　於受任人違反義務致委任人受有損害時，委任人得依民法第 544 條請求損害賠償，同時，受任人之行為亦符合民法第 227 條規定，因此，理應討論民法第 544 條與民法第 227 條之關係，惟相關討論甚少。有學者認為民法制定之初，不完全給付概念之發展尚未成熟，而民法第 544 條之規定即寓有肯定不完全給付之意義，而今不完全給付概念之發展業已成熟，因此，基於立法經濟考量，民法第 544 條存在之必要性即有討論之餘地❸。

　　此外，另有學者指出，觀察民法第 227 條之修正理由：「……按不完全給付，有瑕疵給付及加害給付兩種，瑕疵給付，僅發生原來債務不履行之損害，

---

❷　邱聰智，新訂債法各論（中），2002 年 10 月 1 版，頁 242–243。

❸　邱聰智，註❷，頁 239。

可分別情形，如其不完全給付之情形可能補正者，債權人可依遲延之法則行使其權利；如其給付不完全之情形不能補正者，則依給付不能之法則行使權利。為期明確，爰修正本條為不完全給付之規定。不完全給付如為加害給付，除發生原來債務不履行之損害外，更發生超過履行利益之損害，例如出賣人交付病雞致買受人之雞群亦感染而死亡，或出賣人未告知機器之特殊使用方法，致買受人因使用方法不當引起機器爆破，傷害買受人之人身或其他財產等是。遇此情形，固可依侵權行為之規定請求損害賠償，但被害人應就加害人之過失行為負舉證責任，保護尚嫌不周，且學者間亦有持不同之見解者，為使被害人之權益受更周全之保障，並杜疑義，爰於本條增訂第二項，明定被害人就履行利益以外之損害，得依不完全給付之理論請求損害賠償。❹」可見立法者所設想之不完全給付典型案例為標的物有瑕疵致債權人之利益受損害之情形，因此，致使不完全給付與物之瑕疵擔保責任之關係成為我國不完全給付討論之焦點❺。此應可解釋鮮少論述民法第 544 條與民法第 227 條之關係之現象。

㈡醫療契約之情形

　　惟值得注意的是醫療契約，法院實務一方面認定醫療契約類似委任契約，另一方面對於醫療疏失，卻是依據民法第 535 條與第 227 條規定建構醫院之損害賠償責任。如臺灣高等法院 99 年度醫上更㈠字第 3 號判決謂：「……**醫療契約係受有報酬之勞務契約，其性質類似有償之委任關係**，依民法第 535 條後段規定，醫院既應負善良管理人之注意義務，自應依當時醫療水準，對病患履行診斷或治療之義務。故為其履行輔助人之醫師或其他醫療人員（即醫療團隊）於從事診療時，如未具當時醫療水準，或已具上開醫療水準而欠

---

❹　民法第 227 條修正理由，轉引自陳自強，契約違反與履行請求，2015 年 9 月 1
　　版，頁 117–118。

❺　陳自強，註❹，頁 118–119。

缺善良管理人之注意，因而誤診或未能為適當之治療，終致病患受有傷害時，醫療機構即應與之同負債務不履行之損害賠償責任。……基此，上訴人主張被上訴人聯合醫院應依民法第 227 條負給付不完全之債務不履行損害賠償責任，自屬可取。」何以判決中一方面引用民法第 535 條規定，一方面卻對民法第 544 條隻字未提，而引用民法第 227 條作為損害賠償之請求權基礎，未見法院說明。然自法院依民法第 227 條之 1 認定病患得請求之損害賠償包含財產上與非財產上之損害賠償，應可理解法院之用意，即針對非財產上之損害部分，若依民法第 544 條請求賠償，實有困難。

案例 5-1

甲至乙醫院進行子宮摘除手術，乙醫院之受僱醫師丙於施行麻醉時，發現甲缺氧卻疏忽未即時施以氣切急救手術，導致甲腦部缺氧，成為植物人狀態。甲之法定代理人 A 遂以甲之名義提起訴訟，要求乙醫院負擔損害賠償之責。

說　明

壹、請求權基礎

一、甲得否向乙依民法第 544 條請求損害賠償？

㈠法律要件：

  1.甲乙間成立醫療契約

  2.民法第 544 條：擇一關係

  ⑴**處理委任事務有過失（見貳）**

  ⑵逾越權限之行為

㈡**法律效果：損害賠償（見肆）**

二、甲得否向乙依民法第 227 條第 2 項請求損害賠償？（見參）

㈠**法律要件：**

　1.債務人給付不完全

　2.具有可歸責於債務人之事由

　3.致生民法第 227 條第 1 項以外之損害

㈡**法律效果：**損害賠償（見肆）

三、民法第 544 條與第 227 條之競合關係（見肆）

貳、委任契約之賠償責任

　　案例中甲至乙醫院治療疾病，其間之契約關係依通說屬於委任契約或類似委任之非典型化契約。為進行子宮摘除手術，醫師丙為甲施行麻醉，此屬於醫療契約之一部分，故屬於處理委任事務。至於乙醫院是否有過失，由於丙為乙醫院之受僱醫師，因此，依民法第 224 條規定乙醫院對於丙之故意或過失負同一責任。而過失之認定標準，依民法第 535 條規定，因有償契約與無償契約而有不同，詳言之，有償契約應負善良管理人之注意義務，無償契約則負與處理自己事務同一之注意義務。案例中甲與乙醫院之醫療契約為有償契約，故受任人之注意義務為善良管理人之注意義務。再就一般醫療過程而言，於施行麻醉中病人出現缺氧現象時，應即時施以氣切急救手術，丙卻疏忽未即時為之，應可認為違反善良管理人之注意義務，故乙醫院對於委任事務之處理應有過失。

參、不完全給付之賠償責任

　　不完全給付係指，除給付不能與給付遲延外，債務人未依債之本旨履行契約義務之債務不履行態樣，其主要情形有二種❻：⑴給付義務之違反：例如醫師以內視鏡進行肌瘤切除手術，卻未完全移除原先預期處理之肌

---

❻　王澤鑑，民法概要，2017 年 3 月 4 版，頁 270–271。

瘤❼。(2)附隨義務之違反：附隨義務主要基於誠信原則而來，以保障當事人之固有利益不致受到侵害❽，例如說明義務、保密義務等。其法律效果則分為瑕疵給付與加害給付。

　　所謂瑕疵給付，係指債務人未依債之本旨履行契約所生之結果，為民法第 227 條第 1 項之規範對象，依其可否補正準用給付不能或給付遲延之規定，即瑕疵給付之結果若不可補正，準用給付不能之規定處理；若瑕疵給付之結果可補正，則準用給付遲延之規定處理。所謂加害給付，指債務人因瑕疵給付所造成債權人之損害，未能依民法第 227 條第 1 項填補者，為同條第 2 項之規範對象，以賠償損害為其法律效果。案例中醫師丙於施行麻醉時，未能即時施以氣切急救手術，即屬於瑕疵給付，因此導致甲腦部缺氧，成為植物人狀態，即為加害給付。

肆、競合關係

一、實務多同時引用第 544 條與第 227 條規定

　　對於民法第 544 條與第 227 條之關係，我國學說與實務均少有論述，而於醫療糾紛之案件中，實務判決多同時引用民法第 544 條與第 227 條規定，再依民法第 227 條規定認定損害賠償範圍。此現象應係導因於民法第 227 條之 1 規定：「債務人因債務不履行，致債權人之人格權受侵害者，準用第一百九十二條至第一百九十五條及第一百九十七條之規定，負損害賠償責任。」依此，債權人尚得請求非財產上之損害賠償，而較適用民法第 544 條規定為優。本案例中甲因身體健康受侵害，而得依民法第 544 條與第 227 條請求損害賠償，已於上述，因此，依實務見解得適用民法第 227

---

❼　吳振吉、姜世明，醫師及醫療機構就債務不履行責任之法律關係——兼評最高法院 99 年度臺上字第 1055 號民事判決、臺灣高等法院 99 年度醫上更㈠字第 3 號民事判決，臺北大學法學論叢，第 86 期，2013 年 6 月，頁 29。

❽　姚志明，誠信原則與附隨義務之研究，2004 年 9 月 1 版，頁 56–62。

條之 1 規定，甲得請求財產與非財產上之損害賠償。

二、民法第 227 條與第 227 條之 1 之關係

　　然民法第 227 條之 1 規定尚準用民法第 197 條關於消滅時效之規定，依此，自請求權人知有損害及賠償義務人時，二年間不行使而消滅，自有侵權行為時起，逾十年不行使亦消滅，從而衍生另一項問題，即民法第 227 條與第 227 條之 1 之關係。

㈠從立法理由上似難推論

　　觀察民法第 227 條之 1 增訂理由：「債權人因債務不履行致其財產權受侵害者，固得依債務不履行之有關規定求償。惟如同時侵害債權人之人格權致其受有非財產上之損害者，依現行規定，僅得依據侵權行為之規定求償。是同一事件所發生之損害竟分別適用不同之規定解決，理論上尚有未妥，且因侵權行為之要件較之債務不履行規定嚴苛，如故意、過失等要件舉證困難，對債權人之保護亦嫌未周。為免法律割裂適用，並充分保障債權人之權益，爰增訂本條規定，俾求公允。」似未考量消滅時效之問題，卻又準用第 197 條關於消滅時效之規定，似難據此推論民法第 227 條與第 227 條之 1 之關係。

㈡實務上見解歧異

　　至於法院判決則採不同見解，臺灣高等法院 99 年度訴字第 45 號判決、臺灣高等法院 95 年度醫上字第 2 號判決等認為二者屬於同一請求權，因此人格權受侵害時，應準用民法第 197 條之規定，與侵權行為之損害賠償請求權之時效相同。最高法院 97 年度臺上字第 280 號判決則認為，民法第 227 條與同法第 227 條之 1 為各自獨立之請求權，其消滅時效各有規定，後者之請求權，依民法第 227 條之 1 規定，固應準用民法第 197 條二年或十年時效之規定，前者之請求權，則應適用民法第 125 條一般請求權 15 年時效之規定。

㈢學　說

在學說上亦有不同見解，學者有認為增訂民法第 227 條之 1 之目的在於周全對於債權人之保障，並基於同一事件所生人格權之侵害，不因其請求權依據不同，而有不同之法律效果，故於人格權受侵害時，不完全給付與侵權行為之損害賠償請求權之時效均應依民法第 197 條規定，始為妥當❾。另有學者認為應區分固有利益與履行利益，而適用不同之時效規定，詳言之，若因加害給付致病人固有利益受損害，應依民法第 197 條之規定；若係瑕疵給付致病人履行利益受損害，則應排除民法第 197 條之準用，對於病人之權益保護較為合理❿。

案例 5-2

甲為開設補習班而擬租賃位於○○路○號之房屋，但顧慮自己對於相關法規不熟悉，遂諮詢建築師乙之意見，乙勘查現場後告知甲，該屋經部分拆除整理後可變更使用執照用途為「補習班」，甲因此與乙簽訂契約，委託乙處理相關拆除整理與變更使用執照之事宜，並支付約定報酬之 50%，剩餘報酬待乙處理完畢後支付。另一方面，甲與該屋所有人丙簽訂租賃契約，並依約定支付丙押金與三個月租金。乙依照規畫進行相關工程，完工後申請變更使用執照卻遭駁回，駁回理由為系爭建築物所在之土地僅供住宅使用，故無法變更為「補習班」。請說明甲可否對乙請求損害賠償。

說　明

壹、請求權基礎

一、甲得否向乙依民法第 544 條第 1 項請求損害賠償?

㈠法律要件:（以下二項要件具有擇一關係）

　　1.處理委任事務有過失

　　2.逾越權限之行為

㈡法律效果: 損害賠償

二、甲得否向乙依民法第 227 條請求損害賠償?

㈠法律要件:

　　1.給付不完全（見貳）

　　2.債務人有可歸責之事由

㈡法律效果: 損害賠償（見參）

　　1.依委任契約已支付之報酬

　　2.依租賃契約已支付之押金與租金

　　3.拆除整理工程所支出之費用

三、甲得否向乙依民法第 245 條之 1 請求損害賠償?

㈠法律要件:

　　1.契約未成立時?（見貳）

　　2.有列舉情形之一:

　⑴就訂約有重要關係之事項，對他方之詢問，惡意隱匿或為不實之說明
　　者。

　⑵知悉或持有他方之秘密，經他方明示應予保密，而因故意或重大過失
　　洩漏之者。

⑶其他顯然違反誠實及信用方法者。

　3.他方當事人非因過失而信契約能成立

㈡**法律效果：損害賠償（見參）**

貳、契約締結前之諮詢行為

一、本案屬於附隨義務之違反

　　對於系爭建築物可否作為補習班之用，乙提供錯誤意見，然因該行為發生於委任契約締結前，可否認為屬於民法第 544 條第 1 項之「處理委任事務有過失」，容有疑慮。惟契約當事人於債之關係中彼此負有各式義務，學說在討論上有多種不同區分方式，其中一種區分為**主給付義務、從給付義務與附隨義務**。

　　所謂**附隨義務**係指，契約當事人間基於誠信原則而產生之說明、警告、通知、忠實等義務，主要功能有二項：⑴**輔助功能：**輔助實現主給付義務，使債權人之給付利益獲得最大滿足。⑵**保護功能：**維護他方當事人之人身與財產，不因契約關係而受有不利益❶❶。

　　因此，自附隨義務發生之時間點而言，其範圍包含當事人為締結契約而接觸、準備或磋商時，所發生之各種說明、告知、保密、保護等義務；履約階段之各項說明、保護等義務；履約後之保密等義務。依此，案例中甲於締約前先諮詢乙之意見，乙因此負有提供正確資訊之附隨義務，但乙卻未能盡其義務，因此，如有可歸責於乙之事由時，成立民法第 227 條不完全給付之責任。

二、是否得適用第 245 條之 1 依學說不同而有別

　　值得注意的是，乙違反締約前之說明義務，尚可能成立民法第 245 條之 1 之責任，問題在於第 245 條之 1 之適用情形，有不同見解。有認為本條僅適用於契約未成立之情形❶❷。有認為契約有效成立時，當事人如未盡

---

❶❶　王澤鑑，債法原理，2012 年 3 月 4 版，頁 44-45。

其附隨義務，他方當事人即得依民法第 227 條行使權利，毋庸另訂締約過失之規範，故民法第 245 條之 1 係為填補當事人間無契約關係，致當事人無從救濟其損害之問題，因此，應適用於契約不成立、未成立與無效之情形❸。另有認為本條係屬締約過失之一般性規定，無論契約成立與否，均有適用❹。由於本案例中甲乙嗣後成立委任契約，因此，對於乙違反締約前之說明義務，甲可否依民法第 245 條之 1 請求損害賠償，端視採取何項見解而有不同。

參、損害賠償範圍

依民法第 227 條第 1 項規定與法院實務運作，依不完全給付得否補正準用給付遲延或給付不能之規定，本案例之系爭建築物已確定無法作為補習班之用，因此，乙所提供之錯誤建議已無補正之可能性，故應準用給付不能之規定，即準用民法第 226 條請求不履行之損害賠償，包含債權人之所受損害與所失利益（民法第 216 條參照），如債權人之人格權受侵害時，尚得準用第 192 條至第 195 條及第 197 條之規定請求損害賠償（民法第 217 條之 1 參照）。至於得否準用民法第 256 條解除契約，則有不同見解，有認為債務人違反其從給付義務時，應視其對於契約目的之達成是否必要，若為必要時，違反該從給付義務時，債權人方得解除契約，至於違反附隨義務時，債權人均不得解除契約❺。另有認為無須區分從給付義務或附隨義

---

❷　陳洸岳，中斷交涉與締約上過失責任之序論研究，於：蘇永欽編，民法研究㈣，2000 年 9 月 1 版，頁 15。

❸　孫森焱，民法債編總論（下），2007 年 9 月 2 版，頁 695–696；林誠二，債法總論新解——體系化解說（下），2013 年 2 月 2 版，頁 230。

❹　王澤鑑，註❶，頁 271；向明恩，前契約說明義務之形塑與界限——評基隆地方法院九十二年度訴字第 342 號民事判決，月旦法學，第 190 期，2011 年 3 月，頁 184–185；鄭冠宇，民法債編總論，2015 年 9 月 1 版，頁 257。

❺　王澤鑑，註❶，頁 41–44。

務，僅須該義務之違反足以妨礙契約目的之達成，債權人即得解除契約❶。

依民法第 245 條之 1 所生之損害賠償請求權，得請求之損害賠償範圍為信賴利益，如締約費用、準備履約之支出、喪失其他締約機會等，均屬於本條之賠償範圍。至於信賴利益之賠償數額是否應以履行利益為其限度，有見解認為無須作此限制❶；另有見解則認為侵權行為制度與債務不履行制度各有其目的，不應相互混淆，締約過失制度與侵權行為制度亦同，因此，民法第 245 條之 1 之信賴利益應以履行利益為上限❶。

貳、對第三人之責任

一、受任人提供錯誤資訊致第三人受損

委任契約常以專家鑑定、專家意見為內容，若受任人提供錯誤資訊致第三人受損害時，該第三人應如何維護其權益，不無疑問。以常見之藝術品鑑定為例，藝術品之所有權人委任專家鑑定，專家誤認贗品為真品，委任人提供此項鑑定報告給可能之買家參考，某位買家因此與該藝術品所有權人締結買賣契約，此時該買受人所受之損害為純粹經濟上之損失，難依侵權行為制度向專家請求損害賠償；又由於該買受人（第三人）亦非屬於委任契約之當事人，似亦難直接依債務不履行之規定請求損害賠償。至於該買受人得否要求出賣人為專家之錯誤鑑定或陳述負責，亦有疑義。詳言之，出賣人與專家之關係須適用民法第 224 條規定，出賣人始為專家之行為負責，而民法第 224 條在適用上是否以受債務人指示或監督之人為要件，則有爭議。

---

❶　陳自強，主給付義務以外其他義務違反之契約解除，東吳法律學報，第 23 卷第 4 期，2012 年 4 月，頁 73–74；林誠二，註❶，頁 284。

❶　王澤鑑，註❶，頁 279。

❶　林誠二，註❶，頁 232；孫森焱，註❶，頁 701；鄭冠宇，註❶，頁 259。

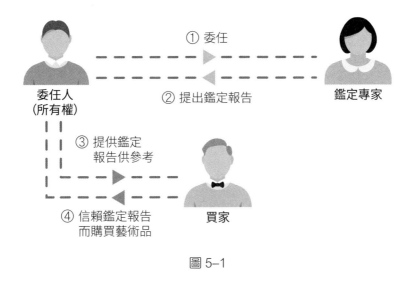

圖 5–1

(一)實務：須以債務人得對第三人行為監督或指揮為限

採肯定見解者，如最高法院 91 年臺上字第 2112 號判決謂：「該條所指之使用人，必以債務人對該補助債務履行之第三人行為得加以監督或指揮者為限，若被選任為履行債務之人，於履行債務時有其獨立性或專業性，非債務人所得干預者，即無上開過失相抵法則之適用。」

(二)學說：不以使用人居於從屬性為責任成立要件

採否定見解者則認為，民法第 224 條係規定債務人之擔保責任，而非基於其指示或監督之過失，而有別於民法第 188 條規定，因此，不應以使用人對於債務人居於從屬性為責任成立之要件，準此，醫師、律師、會計師、承攬人等均得為使用人❶❾。

---

❶❾　王澤鑑，為債務履行輔助人而負責，於：民法學說與判例研究(六)，1990 年，頁 78–79。

二、德國學說見解

有鑑於上述之困難與疑慮，德國遂逐漸擴大契約之保護範圍，使其對契約外之第三人發生效力，其一為第三人締約過失責任，其二為附保護第三人效力之契約理論。

㈠第三人締約過失責任

就第三人締約過失責任而言，德國民法第 311 條第 3 項：「與契約外之第三人，亦可因第二四一條第二項所規定之義務，而形成債之關係。此類債之關係尤其產生於，當第三人基於自身引發之高度信賴，而於契約之協商過程或對締結契約具有影響力者。」此條規定雖係於西元 2002 年債篇現代化之修法過程中所增訂，但實際上是延續實務運作所發展出之第三人締約過失責任，並予以明文化規定。依此規定，契約以外之第三人雖非契約當事人，亦可能成立有限之權利義務關係，特別是該第三人與契約當事人間產生高度信賴關係，並因此對於契約之協商過程或締結契約具有影響力。歸納過去實務發展可見，第三人締約過失責任主要分為四類：

1.**代理人或協助交易協商者** (Prokurator in rem suam)：此類型係指第三人在締約過程中代為磋商、交涉，如因違反義務致契約相對人受有損害，應對該契約相對人負締約過失責任。然實務判決以該第三人須對契約締結具有「直接、自身、經濟利益 (unmittelbares eigenes, wirtschaftliches Interesse)，自經濟而言，如同自己之事物[20]」作為責任成立之要件，以避免獲取傭金等間接獲利之第三人亦須負擔第三人締約過失責任。此項嚴格限制之要件，造成本類型僅存在於極少數之例外情形[21]。

2.**事務管理者：** 此類型之第三人基於客觀性與中立性 (Objektivität und

---

[20] BGH NJW 2000, 208, 212.

[21] Emmerich, in: Münchener Kommentar zum BGB, 2016 (7. Aufl.), §311 Rn. 175.

Neutralität)❷❷，使契約相對人於協商過程中信賴該第三人之意見，換言之，該第三人於締約過程中提供契約之擔保行為 (vertraglichen Garantiehandeln)。由於此項要件在實務上從嚴解釋，致使此類型僅中古車商與職業責任二類型為實務所肯認❷❸，此二類型分別說明於後面 3.、 4.。

　　3.**中古車商：** 在中古車交易上，基於各種不同理由，中古車商未以自己名義出售中古車，而僅以居間名義為之，但實際上中古車買賣契約之買方與賣方多未接觸，買方係信賴中古車商之專業性，並多以其為出賣人締結買賣契約，因此，為避免中古車商卸責，而使其負擔第三人締約過失責任❷❹。

　　4.**職業責任：** 此類型係指具有專業性之第三人，如律師、會計師、建築師等，其所提供之評估、建議、資訊等，對於契約相對人之決定極具重要性，因此，又稱此為專家責任❷❺。前述之藝術品鑑定案例中之鑑定專家即屬於職業責任類型，而應就其提供之錯誤訊息對買受人負擔第三人締約過失責任，即賠償買受人因信賴鑑定專家錯誤鑑定所受之損害。

㈡附保護第三人效力之契約理論

　　至於附保護第三人效力之契約理論,於西元 2002 年債篇現代化之修法過程中雖未增訂一般性規定，但其實務運作源起於帝國法院，並由聯邦法院繼續沿用，以便對於受害人提供更完善之保障。惟如何界定該第三人之範圍，則成為重要之課題，觀察實務運作，可歸納出四項要件：

　　1.**第三人與債務人之給付義務具有關聯性：** 第三人必須符合契約目的而與債務人之給付義務發生關聯，並因此如同債權人般，可能因債務人違反保

---

❷❷　Amtl. Begr., BT-Dr. 14/6040, S. 163.

❷❸　Emmerich, aaO. (Fn. 9), §311 Rn. 179.

❷❹　Emmerich, aaO. (Fn. 9), §311 Rn. 180–181; 向明恩，德國締約上過失理論之發展，臺北大學法學論叢，70 期，2009 年 6 月，頁 48–50。

❷❺　Emmerich, aaO. (Fn. 9), §311 Rn. 182.

護義務而受損害。該要件的目的在於排除純屬意外，甚或違反債權人意願而與給付義務產生關聯之第三人。例如在租賃契約中，除承租人不得因出租人、或與出租人有契約關係之管理員、修理技師等之過失，而受到人身侵害外，與其同住之家庭成員亦應受到同等的保護；若租賃之場所依契約約定為提供營業所用，則承租人所聘雇之工作人員也應受到此保護❷⑥。

　　2.**將第三人納入契約保護範圍內，須符合債權人之利益：**自契約目的考量，第三人按一般狀況有受侵害之可能，且債權人應保護第三人免受此侵害時，即使債權人與第三人之利益屬於對立狀態，此第三人亦應享有該契約之保護效力。例如房屋地產鑑定人為公認之專業人士，擁有充分的專業知識，針對每一個個案進行瞭解與分析，因此，其鑑定結果對一般非專業人士具有相當之說服力。在此前提下，專業鑑定人於履行契約，製作鑑定報告書時，若明知契約外第三人將參考該鑑定報告，以決定是否與鑑定報告委託人簽訂契約時，對於該第三人即負有保護義務。其保護義務在於，第三人得信賴鑑定報告的完整性與正確性，對於無法取得或無法證實之資料，應於報告中註明，使第三人不致於信其為已經專業鑑定人審核之項目，而遭受損害❷⑦。

　　3.**第三人屬於可預見之範圍：**對債務人而言，該第三人雖不須於締約時即已確定為何人，但其範圍應足以確定，否則，債務人因簽訂契約所承擔之責任將淪於毫無邊際❷⑧。

　　4.**第三人須有受此保護之必要性：**第三人對此損害完全沒有其他直接請求權，在此不問其請求權係針對誰，只須該請求權基礎或至少內容等同於基於契約保護第三人效力所得之請求權，則該第三人即無受此保護之必要❷⑨。

---

❷⑥　RGZ 91, 21; 102, 231; 127, 218; 160, 153.

❷⑦　BGH NJW 1984, 355, 356.

❷⑧　王怡蘋，論德國法中契約對第三人之保護效力，法學叢刊，198 期，2005 年 4 月，頁 139–140。

❷⑨　BGH NJW 1996, 2927; BGHZ 70, 327.

第六章　委任人之義務

壹、報酬給付義務

委任契約得為有償或無償，若為有償委任契約，委任人則負有支付報酬之義務。此項義務與受任人處理委任事務之義務具有對待給付關係，而有民法第 264 條與第 265 條之適用，惟民法第 548 條第 1 項規定，於當事人未有約定給付期間時，採報酬後付原則，因此，依民法第 264 條第 1 項但書，受任人不得主張同時履行抗辯。

一、有償委任契約

委任契約是否為有償契約，應視當事人之約定，原則上，當事人若未約定報酬，應認定為無償報酬，惟現今社會活動中，無償代為處理事務之情形少，多數屬於有償委任，且多有報酬標準可供依循，因此，民法第 547 條謂：「報酬縱未約定，如依習慣或依委任事務之性質，應給與報酬者，受任人得請求報酬。」因此，依習慣或委任事務之性質應給與報酬時，則仍為有償委任契約。所謂習慣，係指一般商業習慣或地方習慣。委任事務之性質，則如受任人以處理委任事務為職業者(最高法院 88 年度臺上字第 2427 號判決參照)。

至於報酬請求權之消滅時效，以民法第 125 條規定之 15 年為原則，惟應注意民法第 127 條第 4 款、第 5 款、第 7 款關於醫師、律師、會計師等之短時效規定，其時效為二年。

二、報酬之給付時間

關於有償委任契約之報酬時間，應由當事人自行約定，若當事人未有約定時，則有如其他勞務契約，以報酬後付為原則，故民法第 548 條規定：「受

任人應受報酬者，除契約另有訂定外，非於委任關係終止及為明確報告顛末後，不得請求給付。委任關係，因非可歸責於受任人之事由，於事務處理未完畢前已終止者，受任人得就其已處理之部分，請求報酬。」以下依事務處理完畢與否，分別說明報酬給付義務。

㈠事務處理完畢

1.不以達預期目的為要件

依第 1 項規定，受任人於委任關係終止時，應明確報告處理委任事務之顛末後，方得行使其報酬請求權。由於委任契約著重於事務處理，而不以達到預期目的為要求，因此，無論處理事務之結果是否符合委任人之預期，委任人均不得依此拒絕給付報酬（最高法院 103 年度臺上字第 2189 號判決參照）。例如委任律師處理訴訟案件，並約定按審級計酬，即以完成個別審級之訴訟程序作為收費單位，則律師就該審級內之開庭、書狀等均有處理之義務，惟當事人不得以敗訴為理由拒絕給付報酬。

另一種方式為所謂之後酬方式，即雙方約定依訴訟之結果計算報酬，如約定勝訴則給予勝訴金額之 2%，此種約定須注意律師倫理規範第 35 條第 2 項規定：「律師不得就家事、刑事案件或少年事件之結果約定後酬。」其規範目的係考量此類案件並非單純涉及私益案件，而是具有濃厚之公益性質及社會共同利益，例如夫妻離婚時關於子女監護問題，並非僅涉及夫妻間之各自利益，而主要是涉及未成年人保護、社會倫理與社會健全等問題，因此，律師受委任處理此類案件時，自不能僅考量委託當事人之私益，而忽略社會公共利益，故不允許律師與其當事人間約定後酬之收費方式，以避免律師為獲取酬金而忽略社會公共利益之考量❶。

2.若受任人違反處理委任事務應盡之義務時，是否得請求全額報酬？

---

❶ 劉宏恩，律師我要怎麼付你錢？律師酬金的倫理規範，月旦法學教室，145 期，2014 年 11 月，頁 36–37。

雖然處理結果無須達到預期目的亦無須符合委任人期待，但受任人若違反其處理委任事務應盡之義務時，得否請求全額報酬，法院似有不同見解。

⑴案例一：受任人未依債之本旨履行契約義務，不得請求報酬

例如板橋地方法院 93 年度簡上字第 124 號判決，案中受任人本於其建築專業知識，卻未發現委任人委託勘驗評估之房屋係坐落於防火巷上，致委任人就該房屋申請補習班立案之申請遭政府駁回，法院因此認為**受任人未依債之本旨履行契約義務，故不得向委任人請求報酬**。

⑵案例二：受任人未盡報告義務，不得請求全部報酬

又如臺灣高等法院 102 年度上易字第 786 號判決，案中雙方當事人訂定委任契約，由上訴人委任執業律師之被上訴人辦理狄〇〇歷年扣押股票及股息股利和解事宜，約定被上訴人之報酬為委任人和解取得金額之二成。嗣後上訴人與狄〇〇簽訂和解契約書，並以與中國信託商銀簽立信託契約之方式，將股份及現金股利按雙方和解比例支付完畢。被上訴人因此請求上訴人依委任契約之約定支付和解金額之二成作為報酬，上訴人則抗辯被上訴人雖與狄〇〇聯絡協談歷年扣押股票及利息股利之和解事宜，但後續處理過程中被上訴人多未出現，因此拒絕支付報酬。對此，臺灣高等法院認為：「兩造約定以委任人取得金額之二成作為酬金，自是因為預見到系爭和解事務有一定程度之困難及複雜性，並且上訴人選擇委任律師之被上訴人，乃由於該和解會涉及許多法律層面上考量與操作，期待能由律師代為全面性處理，方願意以高達和解金額之二成作為成功報酬，被上訴人既為多年執業律師，此亦為被上訴人所明瞭。惟被上訴人受委任後，在與狄〇〇初步聯繫，回報其有和解意願之後，屢經上訴人主動以電子郵件催告被上訴人告知和解進度，已如前述，顯見其根本未盡受任人之報告義務，且於狄〇〇決定交中國信託處理後，即通知上訴人：『請洽中國信託簽約內容』（見原審卷第 35 頁），其後即由上訴人自行與中國信託商銀接洽協力完成和解款項之取得，**被上訴人所提供者，只有和解契約之初稿、出席會議，未盡其具備知識經驗之善良管理人義務，**

為不完全給付，不得請求全部酬金，本院斟酌被上訴人所服勞務之程度，認其酬金以 60% 為適當，即 374,177 元。」

(3)案例三：受任人雖不完全給付，但仍得請求報酬

然於最高法院 97 年度臺上字第 1666 號判決中，兩造就大世界商場訂定顧問服務委託合約，由被上訴人委託上訴人進行系爭商場之招商及管理，工作內容分為四個階段：一、招商前置作業規劃階段；二、全面招商執行階段；三、開幕前籌備階段；四、開幕後經營管理階段等四個階段，上訴人業已完成第一、三階段工作並收訖服務費。兩造協議先於地上一樓至四樓進行試賣，再就地上一樓至三樓及地上五樓至六樓正式開幕，但嗣後兩造合意終止系爭合約。

上訴人主張，被上訴人未支付第二階段招商服務費、第四階段經營管理費，以及未依約變更使用執照及支付報酬遲延等費用。

被上訴人則抗辯，上訴人招商不力，進駐廠商不足，租期未達約定且不久即撤櫃，而其一再變更營業種類，實際開幕日迄至合約終止僅三十六日，僅須付五十四萬元，扣除已付之八十四萬元，已無可請求之金額，且上訴人為不實招商，依系爭合約及民法第 544 條規定，被上訴人尚得請求滯納金及違約罰款等，縱認為尚有未給付上訴人之款項，亦應以抵銷處理。

對此，最高法院謂：「按因可歸責於債務人之事由，致為不完全給付者，債權人得依關於給付遲延或給付不能之規定行使其權利；另受任人應受報酬者，委任人應依契約之約定給付之；受任人因處理委任事務有過失，或因逾越權限之行為所生之損害，對於委任人應負賠償之責，此觀民法第二百二十七條第一項、第五百四十八條第一項、第五百四十四條規定即明。是以應受報酬之受任人履行債務有給付不完全情事，依上說明，委任人固得對受任人請求賠償其所受之損害，但不能免其依約應付之報酬給付義務。原審未遑注意及此，就上訴人處理委任事務有招商不足等給付不完全情事，究應賠償被上訴人多少金額，未予審認，僅以較為合理為由，即認應減少其報酬請求，

於法亦有未合。」依此判決見解似可認為，受任人就其履行債務縱有不完全給付之情事，仍得請求給付報酬，而與前述板橋地方法院之見解相左。

3. 與居間規定相較

若與居間之規定相比，委任規範中未如居間有第571條之明確規定：「居間人違反其對於委託人之義務，而為利於委託人之相對人之行為，或違反誠實及信用方法，由相對人收受利益者，不得向委託人請求報酬及償還費用。」是否可因此推論委任契約之受任人縱有違反其義務，仍得請求報酬，似非無疑義。另一方面，委任規範中民法第548條第2項規定，因非可歸責於受任人之事由，於事務處理未完畢前委任關係已終止者，受任人就其已處理之部分得請求報酬，可否因此認為，如係因可歸責於受任人之事由致委任關係終止，受任人則不得請求報酬，若可如此推論，則似可進一步推論，受任人處理委任事務如有違反其義務時，即不得請求報酬，但就民法第548條第2項之解釋已有不同見解，故亦無法依此推論。

4. 瑞士：須盡義務，方有報酬請求權

參酌瑞士關於委任之規定，亦未明定受任人違反其義務時不得請求報酬，但法院實務上多次重申，受任人應正確且盡其義務履行處理委任事務 (korrekte und sorgfaltsgemäße Auftragsführung)，方得享有報酬請求權，因此，受任人若未盡其處理事務之相關義務，則不得請求報酬或僅得請求部分報酬❷。例如委任人委託受託人設計建築物，其建造費用以350,000瑞士法郎為限，嗣後經鑑定指出該費用上限無法完成建築物之建造。瑞士聯邦法院認為，委任人作出不符合目的或無法完成之指示時，受任人有義務向委任人說明並使其充分瞭解指示之問題，因此，當受任人接收到委任人之指示，並意識到該指示不符合目的或無法完成時，受任人不應在此錯誤下繼續執行委任人之指示，而應立即並盡其所能向委任人說明指示之問題，方屬盡其說明義務。若受任人未盡此項說明義務，則不生對委任人之報酬請求權❸。

---

❷　Weber, aaO. (Fn. 6), Art. 394 Rn. 43.

㈡事務未處理完畢

1.受任人之報酬請求權是否因可歸責而有別？

委任關係於事務處理未完畢前即已終止之情形，亦非少見，若委任關係係因非可歸責於受任人之事由而終止，受任人得就其已處理之部分請求部分報酬。所謂委任關係終止，在解釋上不應僅限於民法第 549 條之任意終止事由，而應包含第 550 條之法定消滅事由，方屬妥適。

自條文規定而言，尚須委任關係之結束係因不可歸責於受任人之事由，受任人方得請求部分報酬，若因可歸責於受任人之事由致委任關係結束，受任人則不得請求已處理部分之報酬，且受任人已構成不完全給付，委任人尚得請求損害賠償❹。

然有不同見解認為，此種反面推論是否合理值得深究，其理由在於反面推論並非單純邏輯操作，而係具有規範目的之評價活動，因此，不宜逕自反面推論民法第 548 條第 2 項而得出「因可歸責於受任人之事由致委任關係終止，受任人不得請求部分報酬」之結論。自評價而言，縱使因可歸責於受任人之事由，致委任關係終止，於契約關係中受任人所處理之事務，仍屬履行契約，因此，受任人仍應得於委任人受有利益之範圍內請求報酬❺。

2.類推適用第 548 條第 1 項，受任人須報告顛末始得請求報酬

對於事務未處理完畢之情形，法條並未規定受任人應於請求報酬前盡其報告顛末之義務，惟解釋上應類推適用第 548 條第 1 項規定，受任人於委任關係結束時應履行其報告顛末之義務，方得就其已處理之部分請求報酬❻。

3.當事人仍得另為約定

---

❸　BGE 108 II 197, 198.

❹　林誠二，債編各論新解——體系化解說（中），2015 年 6 月 3 版，頁 263。

❺　楊佳元，第十一章 委任，於：黃立主編，民法債編各論（下），2004 年 9 月 1 版，頁 98。

❻　邱聰智，新訂債法各論（中），2002 年 10 月 1 版，頁 254。

　　由於本項規定並非強制規定，因此，當事人可另為約定，惟仍應受誠實信用原則與定型化契約等控制❼。以最高法院 85 年度臺上字第 343 號判決為例，案中委任人委任律師代為處理遺產分割事宜，並約定暫不給付報酬，待委任人就繼承財產權利確定時，以遺產總額之百分之二計算報酬，並於結案時給付律師該報酬。此外，委任契約第 4 條約定，委任人解除委任、終止契約時，約定之酬金及因處理委任事務之費用均應照付。

　　對此，原審法院謂：「係根據當事人間之信用關係，故當事人任何一方得隨時終止之。而系爭委任契約係臺北律師公會所印製發行之定型化契約，其第四條關於委任人解除委任、終止契約，其約定酬金仍照付之約定，乃片面對受任律師有利，顯然不公平。因委任契約係建立於契約雙方當事人間之信用基礎上，委任既經終止，終止前受任人未處理完畢之事務，即無須再為處理，若謂不論任何理由終止委任契約均須照付酬金，則於受任律師怠於處理事務，或處理不盡責或不當等情形下，委任人終止契約後仍須照付酬金，顯不合理。故該部分之約定應屬無效，應適用民法第五百四十八條第二項『委任關係，因非可歸責於受任人之事由，於事務處理未完畢前已終止者，受任人得就其已處理之部分，請求報酬。』之規定。」最高法院並未指摘該部分內容，應屬同意此項見解。判決中考量當事人間之信用基礎，以及律師為片面對自己有利之約定等，均值得參考。目前臺中律師公會所提供之律師委任契約範本第 6 條：「委任人自行撤回訴訟或終止本契約者，委任人應依案件辦理之程度給付第三條約定之酬金及已發生之事務費用。受任事項達成和解者，委任人應給付第三條約定之酬金全部及已發生之事務費用。❽」可見已為相當調整。

---

❼　楊佳元，註❺，頁 97。

❽　律師委任契約範本：http://www.tcbar.org.tw/userfiles/upload/1060602.pdf（最後瀏覽日：2017/11/15）

案例 6-1

　　甲委託律師乙代為辦理其與丙歷年扣押股票與股息、股利之和解事宜，並約定以和解金額之二成作為乙之報酬。簽約後，乙提供甲相關之法律諮詢、與丙取得聯絡，並擬訂和解協議書草稿，之後卻未再與丙聯絡，另一方面，丙委託丁銀行處理該事務，而由甲與丁銀行達成協議，並簽訂和解協議書。甲認為乙並未完成該和解協議書之簽訂，因此拒絕給付約定之報酬。乙則主張，其已提供相關之法律諮詢，並與丙達成共識後，依此共識擬訂和解協議書草稿，故已完成甲委託之事務。

說　明

壹、請求權基礎

一、乙得否向甲依契約約定請求報酬？

㈠甲乙締結委任契約

㈡報酬請求權：民法第 548 條第 2 項規定（見貳）

二、甲得否向乙依民法第 544 條請求損害賠償？

㈠法律要件：（以下二項要件具有擇一關係）

　　1.處理委任事務有過失（見貳）

　　2.逾越權限之行為

㈡法律效果：損害賠償

三、甲得否向乙依民法第 227 條請求損害賠償？

㈠法律要件：

　　1.給付不完全

　　2.可歸責於債務人

㈡法律效果：準用關於給付不能或給付遲延之規定

四、第 544 條與第 227 條之競合關係

貳、受任人之報酬請求權

　　關於受任人之報酬請求權，民法第 548 條規定：「受任人應受報酬者，除契約另有訂定外，非於委任關係終止及為明確報告顛末後，不得請求給付。委任關係，因非可歸責於受任人之事由，於事務處理未完畢前已終止者，受任人得就其已處理之部分，請求報酬。」第 1 項之主要目的在於規範受任人報告顛末之義務，即受任人應於委任關係終止時明確報告顛末後始得請求報酬；至於第 2 項規定雖有「因非可歸責於受任人之事由」等字，但是否得反面推論而認為受任人如因可歸責之事由致委任關係於事務處理未完畢前即終止時，即不得請求報酬，實有爭議。因此，似無法依此規定，推論受任人之報酬請求是否因其未盡處理委任事務之義務而受影響。

　　此外，民法第 571 條關於居間則有明確規定：「居間人違反其對於委託人之義務，而為利於委託人之相對人之行為，或違反誠實及信用方法，由相對人收受利益者，不得向委託人請求報酬及償還費用。」相較之下，委任未有類似規定，此究竟為漏未規定抑或是刻意予以不同對待，不得而知。

　　又，受任人於契約關係中有義務處理委任事務，因此，如未處理完委任事務，則已違反其義務，對此，如有可歸責於受任人之事由，應屬處理委任事務有過失之情形，而成立民法第 544 條之賠償責任。

貳、費用償還義務

　　由於委任事務為委任人之事務，因此，處理委任事務之費用應由委任人承擔，故於民法第 545 條、第 546 條第 1 項、第 2 項為相關之規定。

一、費用之預付

㈠委任人依法應預付必要費用

依民法第 545 條規定：「委任人因受任人之請求，應預付處理委任事務之必要費用。」本條規定係基於受任人對於處理事務所生之費用並無墊付之義務，因此，受任人得請求委任人預付必要費用，以利事務之順利進行。至於必要費用，係指處理委任事務所不可避免之支出，應依個案之客觀情事判斷，特別應考量民法第 546 條第 1 項與第 2 項關於委任人應負擔費用之規定。

㈡委任人拒絕預付必要費用，受任人得拒絕處理委任事務

若受任人請求預付必要費用，而委任人拒絕時，受任人得拒絕處理委任事務，且不因此負擔債務不履行之責任，惟其理由並非預付必要費用與處理委任事務具有對待關係，從而主張同時履行抗辯，而是在此情形下，應認為受任人雖符合債務不履行之客觀要件，但不具有可歸責性，而不負債務不履行之責❾。

㈢受任人得否提訴請求預付必要費用？

承前，受任人得否進而提起訴訟請求預付必要費用，則有不同見解。

1.學　說

採肯定說之理由有二項：⑴事務處理順利與否，攸關受任人之聲響。⑵受任人依民法第 546 條規定得墊付費用而處理事務，故採肯定說對於委任人並無不利❿。採否定說之理由則認為：⑴處理事務是委任人之利益，即於無利益即無訴權原則，不應肯認受任人得提起訴訟。⑵依民法第 549 條第 1 項規定，受任人得隨時終止契約，因此，對於受任人並無不利益⓫。

---

❾　林誠二，註❹，頁 260。

❿　邱聰智，註❻，頁 246–247；史尚寬，債法各論，1996 年 11 月 1 版，頁 380。

2.比較法——德國學說

德國民法第 669 條規定與我國民法第 545 條相仿，學說對於本條之法律性質，亦多有爭議，通說認為本條請求權不得提起訴訟主張，理由在於受任人得隨時終止契約，且委任人於拒絕預付必要費用時，無權要求受任人處理委任事務❷。反對見解則認為本條之目的在於使委任人負有預付費用之義務，因此，委任人經受任人要求而拒絕預付，即已違反其義務，而負遲延責任，受任人並得提起訴訟實現本項請求權❸。然本項規定在實際運作上，係以受任人之請求（有相對人之單獨意思表示）為要件，委任人始須預先支付費用。再者，本條規定之目的固然在於免除受任人墊付費用，但對於較長期之委任關係，亦應考量委任人之利益，不應要求委任人預先將全部費用支付給受任人，而承擔利息等損失，因此，應考量實際情形，允許委任人分期預先支付費用。此外，本條規定屬於任意規定，當事人得以約定排除，此項約定得以明示或默示為之❹。

二、費用之償還

㈠償還之範圍

因處理委任事務所生之必要費用，委任人若未預先給付，而由受任人墊付時，依民法第 546 條第 1 項規定：「受任人因處理委任事務，支出之必要費用，委任人應償還之，並付自支出時起之利息。」委任人有償還之義務，並應自支出時加計利息。

所謂**必要費用**，有見解主張應依具體情事客觀判斷❺；另有見解參酌德

---

❶　楊佳元，註❺，頁 92。

❷　Sprau, in: Palandt Bürgerliches Gesetzbuch, 2004 (63. Auflage), §669 Rn. 1.

❸　Seiler, in: Münchener Kommentar zum BGB, 2012 (6. Auflage), §669 Rn. 7.

❹　Seiler, aaO. (Fn. 173), §669 Rn. 4, 5, 9.

❺　林誠二，註❹，頁 260；邱聰智，註❻，頁 246。

國通說之解釋，認為應兼顧客觀判斷標準與受任人之主觀要求，即受任人是否已盡其注意義務，考量所有情事以判斷該費用是否為必要費用，特別應著重委任人之利益，以理性當事人之觀點，審酌欲達成之目的 ❻。至於**利息之計算**，如當事人有約定，依當事人之約定，若未約定，則依民法第 203 條之法定利率計算，即週年利率百分之五。再者，受任人得請求償還之必要費用不以先行墊付之金錢為限，其他如使用消費之物或抵消之債權等，均應屬於償還之範圍 ❼。

㈡委任人未償還必要費用之效果

委任人未償還必要費用，如具有可歸責之事由，應負給付遲延之責（民法第 229 條、第 230 條參照），委任人對於受任人因此所受之損害應負賠償責任（民法第 231 條第 1 項參照），受任人並得解除委任契約（民法第 254 條、第 255 條參照）。同時，有見解認為受任人得主張同時履行抗辯（民法第 264 條參照），對於未繼續處理委任事務，不負給付遲延或不完全給付之責 ❽；但亦有見解認為費用係為委任人之利益所支付，不若報酬與委任事務之處理居於對待關係，故費用與委任事務之處理不得成立同時履行抗辯 ❾。

㈢受任人支出之有益費用

至於受任人支出之有益費用，似無法依本項規定請求委任人償還，因此，當事人間之委任契約如有約定，應依其約定處理，如無約定時，有見解主張應依無因管理之規定處理，即依民法第 176 條第 1 項規定請求償還有益費用 ❿。此項見解之疑慮在於受任人係基於委任關係為委任人處理事務，並不

---

❻　楊佳元，註❺，頁 92–93；vgl. Sprau, aaO. (Fn. 172), §670 Rn. 4.

❼　楊佳元，註❺，頁 93。

❽　邱聰智，註❻，頁 247。

❾　林誠二，註❹，頁 260。

符合無因管理之要件,卻因評價上認為受任人所支出之有益費用得請求償還,而借助無因管理之規定。

　　惟此項見解亦凸顯規範上之差異,詳言之,委任與無因管理均為處理他人事務之規定,二者之差別主要在於管理人是否有管理事務之義務,即前者之受任人係基於委任契約而為委任人管理事務,後者之管理人則無任何為本人管理事務之義務,既然二者均在規範處理他人事務之情形,何以民法第546條第1項規定僅得請求償還必要費用,而民法第176條第1項規定卻可請求償還必要與有益費用。

1.瑞士債法

⑴委任費用

　　參酌瑞士債法關於委任費用之規定,債法第402條第1項規定為:「委任人有義務償還受任人正確履行委任契約 (in richtiger Ausführung des Auftrages) 所生之費用與物之利用,並應加上利益,或有義務免除受任人因此所負擔之債務。」依此,受任人應正確履行委任契約,方得請求因此所生之費用,即受任人應盡其注意義務,採行符合目的 (zweckmässig)、適當 (geeignet) 之方式處理委任事務,由此所生客觀合理 (objektiv sinnvoll) 之費用,始屬於受任人得請求之範圍,以避免產生不必要、過高之費用[21]。

　　例如 W 於蘇黎世 X.-AG 銀行開設義大利里拉帳戶,並指示該銀行匯款19,400,000 里拉至盧加諾 Y. 銀行,蘇黎世 X.-AG 銀行未履行該項委任指示,而以電報通知米蘭的對應銀行處理,然因義大利之相關貨幣法規,不允許外國轉帳進入不具名帳戶,故米蘭之對應銀行要求蘇黎世 X.-AG 銀行與盧加諾 Y. 銀行提供受款帳號所有人之姓名與地址,二家銀行均未回應此項要求,致使義大利當局沒收該筆匯款,蘇黎世 X.-AG 銀行自 W 帳戶中扣除該筆款項,

---

[20]　邱聰智,註[6],頁 247–248;林誠二,註[4],頁 261。

[21]　Weber, aaO. (Fn. 6), Art. 402 N 6; BGE 110 II 283; BGer 4A_128/2011 vom 1. 7. 2011.

W 則主張蘇黎世 X.-AG 銀行未盡其義務，應將扣除之款項返還於其帳戶中。

　　瑞士聯邦法院認為，債法第 402 條第 1 項費用請求權係以受任人適當 (gehörig) 處理委任事務為要件，即受任人處理系爭之轉帳業務應盡其注意義務 (sorgfältig) 及誠信 (getreu) 為之，方得請求相關費用，因此，應就轉帳過程具體認定受任人是否盡其義務。縱使一般不甚瞭解銀行業務之人亦知悉，由義大利銀行轉帳里拉至瑞士銀行，依據義大利相關法規可能須面對諸多手續，而義大利近年來對於自外國轉入之里拉設有許多法規限制，亦為眾所皆知，因此，如受任人這般大銀行在處理系爭委任事務時，是否交由米蘭之對應銀行處理，即應極為小心謹慎，在清楚瞭解義大利之相關規定外，尚應該清楚指示其員工，在處理轉帳事務時，僅得提供受款銀行資料，而不得提供銀行客戶與帳號等資訊。基於上述事證，應認為受任人在處理系爭委任事務時，並未盡其應有之義務，故不得依債法第 402 條第 1 項請求費用。

　　此外，瑞士聯邦法院進一步指出，由於此項匯款所生之損害係因可歸責於受任人所生，因此，亦不得依債法第 402 條第 2 項❷❷請求委任人賠償此項損害❷❸。

(2)無因管理管理人得請求償還費用

　　有別於此，在無因管理中管理人所得請求償還之費用，瑞士債法第 422 條第 1 項、第 2 項規定謂：「I 以符合本人之利益管理事務，對於因此所生之必要與有益費用，且依比例而言為適當者，本人負有償還該費用及利息之義務，或免除管理因此所負之債務，或依法官裁量，賠償所生之損害。II 管理人須盡其適當之義務管理事務，方得享有前項之請求權，即使預期之結果並未發生者，亦同。」依第 2 項規定，管理人應盡其適當之義務管理事務，方得享有費用償還請求權或債務免除請求權，至於得請求之費用範圍，依第 1 項

---

❷❷　瑞士債法第 402 條第 2 項規定相當於我國民法第 546 條第 3 項關於損害賠償之規定。

❷❸　BGE 110 II 283, 285–286.

規定僅限於必要或有益費用，且比例上屬於適當之費用，以此法定上限之規範方式排除奢侈費用❷❹。

　⑶小　結

　　由上述瑞士債法相關規定可見，委任契約與無因管理所得請求之費用係採取不同之判斷標準，即委任契約之內容既係由當事人所約定，因履行該契約內容所生之費用，則屬於委任人應負擔之範疇，除非該筆費用係因受任人不當履行契約內容所生；而無因管理係因無法律上之原因管理他人事務，從而欠缺當事人對於事務處理之相關約定，亦難依此判斷本人應負擔之費用，而由法規訂定必要費用與有益費用為本人應負擔之費用。

2.德國債法

　　至於德國之委任契約僅限於無償之契約性質，委任人應負擔之費用依民法第 670 條規定：「受任人為履行委任契約所生之費用，如依情事認定為必要，委任人負有支付之義務。」而無因管理之費用，依民法第 683 條前段規定：「事務承擔符合本人之利益及其明示或可推知之意思，管理人得如同受任人向本人請求支付所生之費用。」由此可見，委任人所應負擔之費用係以履行契約之必要費用為限，對於無因管理之費用，則比照委任關係中委任人應負擔之費用，換言之，二者係採取相同標準❷❺。

3.我國法

　　相較之下，我國民法第 546 條第 1 項與第 2 項對於契約關係之規定，委任人僅應負擔必要費用，而民法第 176 條第 1 項對於契約外之無因管理之規定，本人卻負擔必要費用與有益費用，反較契約關係負擔為重，在法理上似有未妥。

---

❷❹　Weber, aaO. (Fn. 6), Art. 422 N 6.

❷❺　Sprau, aaO. (Fn. 172), §683 Rn. 8.

㈣信用卡盜刷問題

應特別注意的是信用卡遭盜刷之問題。由於發卡銀行與持卡人間之信用卡契約，依通說屬於**具有委任及消費借貸關係之混合契約**，因此，發卡銀行於結清持卡人之消費款項後，依民法第 546 條第 1 項規定請求持卡人返還該筆款項。然若信用卡係遭盜刷，此時發卡銀行於支付款項後，是否仍得依民法第 546 條第 1 項規定請求返還，隨著信用卡契約之定型化條款屢有變更，法院見解亦隨之改變。

值得注意的是最高法院 89 年度臺上字第 1628 號判決：「按持卡人依其與發卡機構所訂立之信用卡使用契約，取得使用信用卡向特約商店簽帳消費之資格，並對發卡機構承諾償付帳款，而發卡機構則負有代持卡人結帳，清償簽帳款項之義務。此種持卡人委託發卡機構付款之約定，具有委任契約之性質，倘持卡人選擇以循環信用方式繳款，就當期應償付之帳款僅繳付最低應繳金額，其餘應付款項由發卡機構先行墊付，持卡人則依約定給付循環利息者，又具有消費借貸契約之性質。信用卡使用契約既具有委任契約之性質，則發卡機構處理信用卡簽帳款之清償債務事務時，依民法第五百三十五條規定，應依持卡人之指示為之。而持卡人在簽帳單上簽名，可視為請求代為處理事務之具體指示，若特約商店就簽帳單上之簽名是否真正，未盡核對之責，發卡機構竟對之為付款，其所支出之費用，尚難謂係必要費用，自難依民法第五百四十六條第一項規定向持卡人請求償還，從而持卡人如主張信用卡係因遺失、被盜而被冒用、盜用，除發卡機構能證明持卡人有消費行為，或就其簽名之真正，特約商店已盡核對責任外，尚不得請求持卡人償還墊款。」依此，發卡銀行負有證明簽名為真正之舉證責任，以及督促特約商店就簽帳單上之簽名詳細核對之義務，值得肯定❷❻。附帶一提的是，核卡銀行若未盡其責任，所支付之消費款項，既

---

❷❻ 楊淑文，消費者保護法關於定型化契約規定在實務上之適用與評析，於：新型契約與消費者保護法，2006 年 4 月 2 版，頁 89–149。

不得依民法第 546 條第 1 項主張返還，自亦不得依同法第 3 項請求損害賠償。

三、債務清償

　　除受任人代墊之必要費用應由委任人償還外，若受任人因處理委任事務而負擔必要債務，且委任人亦未依民法第 300 條或第 301 條承擔債務時，依民法第 546 條第 2 項規定：「受任人因處理委任事務，負擔必要債務者，得請求委任人代其清償，未至清償期者，得請求委任人提出相當擔保。」受任人得請求委任人代其清償，性質上為免責請求權，係請求委任人向第三人清償債務，而非對受任人為支付行為。若債務未至清償期者，得請求委任人提出相當擔保，以避免由受任人承擔此項債務。

　　受任人所負擔之債務，可能是基於其以自己之名義與第三人訂定債權契約，如買賣契約、租賃契約等；亦可能是基於法律規定所生之債務，如受任人至他人土地尋查取回委任人之物品或動物，對於土地所有人所造成之損害而應負賠償責任等（民法第 791 條參照）。若委任人遲不代為清償或提出相當擔保，解釋上應與委任人拒絕預付費用相同，即受任人如因此拒絕繼續處理委任事務，不負債務不履行之責❷❼。

案例 6-2

　　甲因經商所需，欲向乙借貸四百萬元，乙為確保債權能獲得清償，要求甲應提供保證人，甲遂委託友人丙與乙簽訂保證契約，並願意支付四萬元作為丙之報酬。嗣後甲無力償還乙之債務，丙因此代為清償。

---

❷❼　邱聰智，註❻，頁 249。

說 明

壹、請求權基礎

一、丙得否依民法第 546 條第 1 項向甲請求償還清償之四百萬元債務?（見參）

(一)法律要件:

　　1. 甲丙間成立委任契約

　　2. 處理委任事務所支出之必要費用: 清償四百萬元債務

(二)法律效果: 委任人應償還必要費用

二、丙得否依乙對甲之四百萬元債權與民法第 749 條向甲請求償還清償之四百萬元債務?（見貳）

(一)法律要件:

　　1. 保證契約: 乙丙間就甲乙之債權關係成立保證契約

　　2. 保證人清償債務

(二)法律效果: 於清償範圍內承受債權

貳、保證契約

　　依民法第 739 條規定，所謂保證契約係指雙方當事人約定，一方於他方之債務人不履行債務時，由其代負履行責任之契約。如本案例中乙丙之約定，於乙之債務人甲不清償其對乙之四百萬元債務時，由丙代負償還責任，即屬於保證契約。保證人基於保證契約向債權人清償後，依民法第 749 條規定:「保證人向債權人為清償後，於其清償之限度內，承受債權人對於主債務人之債權。但不得有害於債權人之利益。」債權人對於主債務人之債權即移轉於保證人，保證人因此得就其實際清償之數額，向主債務人

求償。故於本案例中丙向乙代為清償甲之四百萬元債務，就此範圍內，債權移轉與丙，丙即得依此向甲請求償還。

參、委任契約

須注意的是保證人擔任保證人之原因，即保證人與主債務人間可能具有契約關係，例如本案例中甲委託丙與乙簽訂保證契約，並約定四萬元作為丙擔任保證人之報酬，屬於有償委任契約，則保證人與主債務人間尚得依委任契約處理其法律關係。如最高法院 18 年上字第 1561 號判決謂：「保證人受主債務人之委任而為保證者，對於主債務人即有受任人之權利，除依一般委任法則，保證人因受任保證而代償之數額，應由委任之主債務人償還外，並應償還自支出時起之利息。」保證人於清償保證債務後，得依民法第 546 條第 1 項請求償還已清償之債務，並償還自清償債務時起之利息。故丙得依委任契約請求支付四萬元之報酬，並得依民法第 546 條第 1 項償還代為清償之四百萬元債務。

若保證人與主債務人間無契約關係，則屬於無因管理之情形，應依無因管理之規定處理。

參、損害賠償義務

一、損害賠償責任

受任人因處理委任事務受有損害時，損害賠償請求權之要件規定於民法第 546 條第 3 項：「受任人處理委任事務，因非可歸責於自己之事由，致受損害者，得向委任人請求賠償。」依此，只須損害之發生係非可歸責於受任人之事由，受任人即得請求損害賠償，無須考量委任人是否有可歸責之事由，因此，縱使不可歸責於委任人，或因天災造成受任人受有損害，委任人仍負有

賠償責任，故有認為委任人所負之責任為無過失責任❷。此項立法目的係因考量委任事務屬於委任人之事，而不應由受任人承擔因處理委任事務所生之損害❷。

二、對第三人之求償權

委任人依民法第 546 條第 3 項規定，對於受任人所受之損害雖無可歸責之事由，仍對受任人負賠償責任，惟若受任人之損害係由第三人所造成，委任人於賠償損害後，得依第 4 項規定：「前項損害之發生，如別有應負責任之人時，委任人對於該應負責者，有求償權。」向該第三人求償。民法修正時增訂本項之理由在於：「基於造成損害者，應負最後責任之法理及平衡委任人、受任人之權益。爰仿民法第四百八十七條之一第二項規定，增訂第四項，明定委任人於賠償受任人之損害後，對於應負責任之人，有求償權❸。」

此之損害賠償範圍，有見解認為基於民法第 227 條之 1 規定：「債務人因債務不履行，致債權人之人格權受侵害者，準用第一百九十二條至第一百九十五條及第一百九十七條之規定，負損害賠償責任。」因此，受任人對於非財產上之損害得請求賠償，故受任人之賠償範圍亦應包含之❸。惟觀察第 3 項與第 4 項之規定，其目的在於使委任人承擔因處理委任事務所生之損害，於其他第三人應對此損害負責時，民法第 546 條第 3 項之規定毋寧更接近代負責任，因此，委任人之賠償責任似應依該第三人之賠償範圍認定，較為妥適。至於委任契約之債務不履行責任可否適用第 227 條之 1 規定，於前面醫療契約之債務不履行已作說明，茲不贅述。

---

❷　林誠二，註❹，頁 262；邱聰智，註❻，頁 250。

❷　邱聰智，註❻，頁 250。

❸　邱聰智，註❻，頁 251。

❸　邱聰智，註❻，頁 251。

案例 6-3

　　甲欲開設日式創意餐廳，委託乙為其處理籌備事宜與招募人才。乙尋覓到適合的營業場所後，欲將該場所重新裝潢，使其各方面之配置，如廚房、櫃臺等處符合工作人員之需求，並需於用餐區營造舒適氣氛，因此，乙以甲之名義與建築師丙訂定承攬契約，由丙依乙之規畫進行設計與施工。完工後，乙檢視該營業場所，並於該處面談應徵人員，不料因丙施工疏失，天花板掉落致乙受傷住院，出院後因行動不便，暫時需以輪椅代步。

說　明

壹、請求權基礎

一、乙因天花板掉落受傷：（見貳）

㈠乙得否向丙依民法第 184 條第 1 項前段請求損害賠償？

　1.法律要件：

　⑴加害行為

　⑵權利受侵害

　⑶二者具有因果關係

　⑷行為人具有故意或過失

　⑸行為具有違法性

　⑹行為人具有有責性

　2.法律效果：賠償損害

㈡乙得否向甲依民法第 546 條第 3 項請求損害賠償？

　1.法律要件：

　⑴成立委任契約：甲乙間締結委任契約

(2)乙受損害

(3)損害係因非可歸責於受任人之事由所生

  2.法律效果：賠償損害

(三)甲得否向丙依民法第 546 條第 4 項請求償還其所賠償之損害？

  1.法律要件：對於受任人所受之損害，另有應負責之人

  2.法律效果：償還已賠償之損害數額

二、甲之營業場所裝潢後天花板掉落

(一)得否向丙依民法第 493 條第 1 項請求修補瑕疵？

  1.法律要件：工作有瑕疵（瑕疵之定義：民法第 492 條參照）

  2.法律效果：修補瑕疵

(二)得否向丙依民法第 494 條解除契約或減少報酬？

  1.法律要件：

  (1)工作有瑕疵

  (2)承攬人不於期限內修補，或依民法第 493 條第 3 項拒絕修補

  2.法律效果：解除契約或減少報酬

(三)得否向丙依民法第 495 條第 1 項請求損害賠償？

  1.法律要件：

  (1)工作有瑕疵

  (2)承攬人有可歸責之事由

  2.法律效果：賠償損害（與修補瑕疵、解除契約或減少價金之法律效果
    併存）

(四)得否向丙依民法第 227 條請求救濟？

  1.法律要件：

  (1)給付不完全

  (2)債務人有可歸責之事由

2.法律效果：準用給付不能或給付遲延之規定，以及損害賠償

㈤物之瑕疵擔保與不完全給付之適用關係

貳、受任人之賠償請求權

由於丙施工疏失，致天花板掉落使乙受傷住院，乙之身體權、健康權受侵害，應符合民法第 184 條第 1 項前段之請求權成立要件，乙因此得向丙請求損害賠償，損害賠償範圍包含財產與非財產上之損害（民法第 193 條、第 213 條、第 216 條、與第 195 條參照）。惟主張此項請求權，乙須就各項要件負擔舉證責任，因此，為避免受任人承擔因處理委任事務所生之損害，而有民法第 546 條第 3 項規定，僅須受任人非因可歸責於己之事由而受損害，即得向委任人請求損害賠償。就舉證責任而言，受任人僅須證明損害非因可歸責於己之事由，即可主張第 546 條第 3 項之請求權，相較於民法第 184 條第 1 項前段規定，對於受任人更為有利。惟應注意的是，由於民法第 546 條第 3 項規定不以委任人對於損害之發生具有可歸責之事由為要件，換言之，縱使委任人不具有可歸責之事由，如天災，對於損害仍負有賠償責任，因此，有見解認為委任人依本條項規定負擔無過失責任。若與民法第 546 條第 4 項規定合併觀察，則可見本條項之規定目的在於使委任人承擔因處理委任事務所生之損害，於其他第三人應對此損害負責時，民法第 546 條第 3 項之規定毋寧更接近代負責任。

準此，如本案例中丙對乙負擔民法第 184 條第 1 項前段之損害賠償責任，其損害賠償範圍包含財產上與非財產上之損害，則甲依民法第 546 條第 3 項對乙負擔之責任亦應包含財產上與非財產上之損害賠償，方屬恰當。

至於受任人損害如無其他應負責之人時，委任人無法適用第 546 條第 4 項規定，從而欠缺其他關於非財產上損害賠償之規定，因此，委任人應負擔之損害賠償範圍似應以財產上之損害為限，較為妥當。

第七章 契約之結束

壹、任意終止

一、終止權之行使

㈠當事人任一方得隨時終止

由於委任關係以當事人間之信賴為基礎，若當事人間欠缺信賴，即難以勉強繼續維持委任關係，因此，民法第 549 條第 1 項規定：「當事人之任何一方，得隨時終止委任契約。」詳言之，無論是有償委任契約或無償委任契約，定期或不定期之委任契約，雙方當事人均得隨時終止契約。關於終止契約，依民法第 263 條規定，準用第 258 條及第 260 條規定，即終止權之行使，應向他方當事人以意思表示為之；若契約當事人之一方有數人者，終止之意思表示，應由其全體或向其全體為之。於終止之意思表示生效時（民法第 94 條、第 95 條參照），契約即為終止。解除契約之意思表示，不得撤銷。再者，終止權之行使，不妨礙損害賠償之請求。

㈡特殊契約關係

值得注意的是特殊契約關係，如醫療契約、律師委任契約等。

1.醫療契約

在醫療契約關係，病患固然得隨時終止契約，但為維護病患之生命及身體健康法益，解釋上應不允許醫師任意無故終止契約，以避免造成病患之重大不利益。換言之，醫療契約締結後，醫師即負有繼續治療病患之義務，如未經合理通知而擅自終止治療，應成立債務不履行，負擔損害賠償責任。至於醫師何時得終止醫療契約，則須依醫療契約之目的，參酌誠信原則與公序

良俗為判斷❶。

2.律師委任契約

至於律師委任契約，委任人亦得任意終止契約，但律師則因律師法第 24 條規定受有限制。律師法第 24 條謂：「律師接受事件之委託後，非有正當理由，不得終止其契約；如須終止契約，應於審期前十日或偵查訊（詢）問前通知委託人，在未得委託人同意前，不得中止進行。」依此，律師須有正當理由，方得終止契約，且須於審期前十日或偵查訊（詢）問前通知委託人，並得其同意，以維護委任人之權益。至於正當理由之情形，可能包含當事人利用律師為犯罪或詐欺行為、當事人堅持律師進行其專業判斷上認為極不可行或無法接受之事項、當事人未履行其義務、當事人與律師間之信賴關係已嚴重受到破壞等，惟此應不包含律師案件量過多致無法負荷之情形❷。

二、終止權之拋棄

㈠終止權可否預先拋棄？

當事人之任意終止權可否預先拋棄，則有不同見解。

1.否定說

持否定見解者認為，委任關係得否任意終止，涉及雙方當事人信賴利益之維護，違反時雖不當然違反公序良俗，但於欠缺信賴關係下，仍不得終止委任契約，應有不妥❸。最高法院 59 年臺上字第 1944 號判決亦採此見解，

---

❶ 陳聰富，醫療契約之法律關係（上），月旦法學教室，第 72 期，2008 年 10 月，頁 90–91；阮富枝，醫療行為之民事責任，法學叢刊，第 230 期，2013 年 4 月，頁 67。

❷ 劉宏恩，律師可以「開除」當事人嗎？──律師終止委任關係的專業倫理問題，第 115 期，2012 年 5 月，頁 41。

❸ 邱聰智，新訂債法各論（中），2002 年 10 月 1 版，頁 255；林誠二，債編各論新解──體系化解說（中），2015 年 6 月 3 版，頁 264–265。

謂:「委任契約之成立,係以相互之信用關係為基礎,如其信用動搖,即可由一方之意思,將受任人解除,而不問有無相反之約定。因此上訴人與被上訴人間之委任契約,縱有不得撤銷之特約,亦不排除民法第五四九條第一項之適用。」

2. 肯定說

至於持肯定見解者,基於對本條規定之詮釋不同,其許可當事人以特約排除之範圍亦有不同。有認為本條為強制規定,不得以當事人特約排除,僅於委任事務之處理非獨以委任人利益為目的者,其拋棄終止權之約定始例外有效❹。另有認為當事人原則上得拋棄終止權,但有特殊理由者,仍得終止契約,其理由為:(1)當事人得有效拋棄任意終止權,符合私法自治原則。(2)民法第550條之立法目的亦在於維護當事人之信賴關係,但仍訂有契約優先之規定,故於第549條之解釋亦不應例外❺。

(二)瑞士債法

可供參考的是瑞士債法第404條第1項之相關實務運作與探討,該條項規定與我國民法第549條第1項相仿,對於本條項規定是否為強制規定,即當事人是否不得以契約排除終止權,法院實務一致認為本條項為強制規定,當事人間係基於彼此高度信賴關係而訂定委任契約,一旦信賴關係受到破壞,若仍強迫當事人維持委任關係,即失去其意義,故應允許當事人得隨時終止關係,不得以契約排除終止契約之可能性❻。但由於法院實務一方面肯認委任契約為繼續性契約,另一方面卻多否認其他繼續性契約得類推適用債法第

---

❹　史尚寬,債法各論,1996年11月1版,頁385。

❺　楊佳元,第十一章 委任,於:黃立主編,民法債編各論 (下),2004年9月1版,頁93。

❻　BGE 115 II 464, 466; zustimmend z. B. BGE 104 II 108, 115–116; BGE 110 II 380, 382; BGE 98 II 305, 307.

404 條第 1 項規定，而受到諸多批評❼。

　　瑞士多數學說見解則認為應區分為標準委任契約與非標準委任契約，前者係指無償委任與具有高度人身性質 (höchstpersönlicher Natur) 之有償委任契約，如醫療契約、律師委任契約、信託契約等，此等契約基於人身自由之維護，不得以契約排除終止契約之可能性；如不具備上述之特性，則屬於非標準委任契約，應允許當事人得以契約排除終止契約之可能性。至於所謂高度人身性質，確實難有明確之判斷標準，而應依受任人應處理之事物範圍個案認定❽。由於本條項規定之適用將造成委任關係相當不穩定，並由於日益增多之各式委任契約與非典型化繼續性契約，因此，自 2011 年起重新檢視債法第 404 條第 1 項規定之妥適性❾。

三、損害賠償

㈠不利於他方之時期

　　對於任意終止權之行使如造成損害，民法第 549 條第 2 項規定：「當事人之一方，於不利於他方之時期終止契約者，應負損害賠償責任。但因非可歸責於該當事人之事由，致不得不終止契約者，不在此限。」所謂「不利於他方之時期」，在法院判決中似未有論述，學說上則似採從寬解釋，如委任人遠行而不及親自接受處理事務者屬之，又如受任人因契約終止而喪失對於其他第三人之請求權者，亦屬之❿。

㈡損　害

　　至於損害，係指一方若不於此時終止契約，即不會造成他方之損害而言，

---

❼　Weber, aaO. (Fn. 6), Art. 404 N 9.

❽　Weber, aaO. (Fn. 6), Art. 404 N 10.

❾　Weber, aaO. (Fn. 6), Art. 404 N 11b.

❿　邱聰智，註❸，頁 256。

但損害賠償範圍則有爭議。

1. 契約報酬不屬於損害

首先，委任契約之報酬是否屬於本條項之損害，實務持否定見解，如最高法院 62 年臺上字第 1536 號判決謂：「委任契約依民法第五百四十九條第一項規定，不論有無報酬，或有無正當理由，均得隨時終止。上訴人等之被繼承人對被上訴人終止委任契約，無論於何時為之，均不能謂被上訴人原可獲得若干之報酬，因終止契約致未能獲得，係受損害。同法條第二項規定：『於不利於他方之時期終止契約者，應負損害賠償責任』其所謂損害，係指不於此時終止，他方即可不受該項損害而言，非指當事人間原先約定之報酬。」即認為約定之報酬不屬於本條項之損害範圍。學說對此有持肯定見解❶❶；亦有持否定見解❶❷。

2. 損害賠償之性質與範圍

其次為損害賠償之性質與範圍，有認為本條項在性質上屬於契約不履行之範疇，因此，所失利益雖有其適用，但不包含終止契約後之約定報酬❶❸；另有認為本條項之範圍僅限於信賴利益❶❹。二者之差異在於受任人因處理委任事務而拒絕締結其他委任契約，對於此部分損害，得否依民法第 549 條第 2 項規定請求賠償。至於因非可歸責於一方當事人之事由，致不得不終止契約者，對於他方因此所受之損害，固不負賠償責任。

3. 可歸責雙方時得適用與有過失之規定

若為可歸責於雙方當事人之事由而終止契約，終止之一方依民法第 549 條第 2 項規定負損害賠償時，應可適用民法第 217 條與有過失之規定❶❺。

---

❶❶　邱聰智，註❸，頁 256；林誠二，註❸，頁 268。

❶❷　楊佳元，註❺，頁 99。

❶❸　邱聰智，註❸，頁 256。

❶❹　林誠二，註❸，頁 268。

❶❺　邱聰智，註❸，頁 256；林誠二，註❸，頁 268。

(三)瑞士債法

1.不利之時期

可供參考的是瑞士債法第 404 條第 2 項規定之實務運作，該條項規定與我國規定相仿，法院實務在解釋「不利之時期」(unzeitig) 上，主要考量終止契約之一方當事人是否有合理之理由，並衡量終止契約之時間點與對於他方當事人之不利益。換言之，「不利之時期」係指，終止契約之一方當事人不具有合理之理由，於不適當時期終止契約，對他方當事人造成重大不利益之影響[16]。

例如 T 於 1971 年經由建築師 Markus G. 和 Christoph G. 仲介購買 A 土地，並承諾該土地之建築設計工作將交由 Markus G. 和 Christoph G. 負責，若將該土地出售於他人時，亦將約定買受人應承受該建築師之建築設計工作。交易完成後，Markus G. 和 Christoph G. 著手規劃建築工作與申請建築許可，惟因該土地尚不適於建築，該申請許可延至 1975 年始核准，後因故延長至 1977 年，於 1977 年 12 月 23 日 T 將土地及建築許可出售予第三人，但未包含 Markus G. 和 Christoph G. 之建築設計工作。Markus G. 和 Christoph G. 因此向 T 主張報酬請求權，T 則抗辯已終止該委任契約。對於本案是否成立債法第 404 條第 2 項之「不利之時期」，瑞士聯邦法院認為，自建築設計契約與一般經驗法則而言，建築師所提供之建築設計工作係建基於長期準備與規劃，而有別於醫師與律師，因此，在建築師就其建築設計工作部分未有疏失之情形下，T 終止建築設計契約，對於建築師之籌備規劃已投入約 2,400,000 瑞士法郎而言，非契約終止前之報酬所能涵蓋，故確實造成建築師之重大不利益，而符合債法第 404 條第 2 項規定[17]。

2.損害賠償請求權

至於債法第 404 條第 2 項之損害賠償請求權，並非義務違反之法律效果，

---

[16] BGE 109 II 462, 469; BGE 110 III 380, 383; Weber, aaO. (Fn. 6), Art. 404 N 16.

[17] BGE 110 II 380, 383–385.

而是公平正義之具體規範 (gesetzgeberische Gerechtigkeitsentscheigung)，以減輕他方當事人因此所受之不利益，因此，本項請求權不以終止契約之一方當事人有可歸責之事由為要件，而其賠償範圍以信賴利益 (Vertrauensschaden) 為限，此包含締約費用，即基於終止契約而未能用於履行契約之安排設計、事前準備之費用等，並包含為履行該委任契約而拒絕其他契約所受之損害，即所失利益，此部分雖然被歸類為積極契約利益 (positives Vertragsinteresse)，但仍應屬於本條之賠償範圍，方屬恰當❶⑧。

　　例如在終止建築委任契約中，瑞士聯邦法院指出，請求權人不得主張因終止契約而未能請求之報酬屬於債法第 404 條第 2 項之損害，但有別於此的是，依循一般經驗法則，在執行如此大範圍之建築工程時，建築師需相對應地擴大其人事等營業規模，並放棄其他委任契約，因此，法院應就此部分實際認定建築師所受之損害❶⑨。

案例 7-1

　　甲有眾多兄弟姊妹，部分已無聯絡，故委由代書乙代為處理繼承相關事宜，包含與甲之兄弟姊妹完成遺產分割協議書、申報遺產稅及不動產登記，並訂立書面約定：「茲委任乙辦理被繼承人丙之遺產，依當事人提供遺產目錄，據實申報，其繼承人並提供有關戶籍，印鑑證明各 20 份，身分證影本 5 份（多退少補），規費、印花、各項稅費含公證費由繼承人負擔，本案遺產稅核定，願支付代辦費新臺幣貳佰萬元整。（核定書核定三天內支付 1/2，不動產過戶完成三十天內支付 1/2）恐口說無憑，特定立本契約。」嗣後乙完成遺產分割協議書，並申報遺產稅後，甲拒絕提供辦理不動產登記所需印章，並主張其係受乙欺騙，而誤以為繼承事宜相當複雜，方與乙訂定該契約，但實際上並非如此；且乙處理其繼承事宜並未秉持誠信，導致

---

❶⑧　Weber, aaO. (Fn. 6), Art. 404 N 16–17.

❶⑨　BGE 109 II 462, 470.

甲與兄弟姊妹間橫生猜忌，因此，甲主張撤銷與乙之委任契約，要求乙返還之前交付之文件，並拒絕給付報酬。乙則抗辯並未欺騙甲，而是甲之兄弟姊妹人數眾多，且彼此久未聯絡，所繼承之遺產龐大，要達成協議並辦理後續事宜，並非易事，因此，主張契約有效，並請求給付報酬。

說 明

壹、請求權基礎

一、乙得否向甲依據委任契約請求給付報酬？

(一)法律要件：

　1.委任契約：撤銷？終止？（見貳）

　2.有償委任契約

(二)法律效果：報酬請求權（見參）

二、乙得否向甲依據民法第 179 條請求償還其勞務之價額？（見參）

(一)法律要件：

　1.一方受利益

　2.他方受損害

　3.損益變動具有因果關係

　4.損益變動欠缺法律上之原因：如委任契約經撤銷

(二)法律效果：返還所得利益

三、乙得否向甲依據民法第 549 條第 2 項請求損害賠償？

(一)法律要件：

　1.一方終止委任契約

　2.於不利於他方之時期

　3.有可歸責於當事人之事由

(二)法律效果：負損害賠償責任（見肆）

貳、委任契約之撤銷與終止

甲乙締結契約，依其契約內容觀之，係委由代書乙代為處理遺產分割協議書、申報遺產稅及不動產登記等繼承相關事宜，涉及與遺產辦理相關之專業知識，且完成遺產分割協議書的部分涉及各繼承人之遺產分配，需與所有繼承人協商，以達成共識，可見乙並非從屬於甲之指揮監督，僅單純提供勞務，而是以其專業知識，協調各繼承人，以完成甲所委託辦理之事務，故甲乙契約性質上應屬於委任契約。

然對於該委任契約，甲主張其係受乙欺騙始簽訂該契約，因此，甲或可依民法第 92 條第 1 項規定撤銷委任契約，該契約經甲行使撤銷權後，依民法第 114 條第 1 項規定自始無效。所謂詐欺行為可分為二種：一為行為人積極為不實之陳述，使相對人陷於錯誤；二為行為人消極不為陳述，即隱匿事實，惟此種情形須行為人有告知事實之義務，始得因其不作為成立詐欺。其次，詐欺行為與表意人因錯誤所為之意思表示須具有因果關係，例如誤信該車非泡水車而表示願意購買，表意人方得主張詐欺並撤銷其意思表示。至於甲是否受乙之詐欺而締結委任契約則須依個案事實認定，且應由甲負舉證責任[20]。

惟若否定甲得依民法第 92 條撤銷委任契約，則應進一步考量終止權。依民法第 549 條第 1 項規定，任何一方當事人得隨時終止委任契約，此項立法精神在於委任契約係以當事人之信賴關係為基礎，若其信賴關係已動搖，而使委任人仍受限於契約關係，無異違背委任契約之基本宗旨。依此，甲既已表示欲結束與乙之契約關係，表示其間之信賴關係已不復存在，雖然甲主張撤銷契約關係，但在不符合撤銷之要件下，應探求甲之真意（民法第 98 條參照），而可解釋為甲行使其終止權，依民法第 549 條第 1 項規定終止委任契約。惟終止之效力有別於撤銷之自始無效，契約經終止後，係向將來失去效力。

[20]　王澤鑑，民法總則，2014 年 2 月 3 版，頁 434–435。

參、報酬請求權

一、事務處理完成前終止委任關係之報酬請求權

委任契約可為有償或無償（民法第 528 條參照），本案例依當事人之約定，應為有償委任契約。受任人乙本得依約定請求報酬，由於甲乙對於報酬給付時間有約定，應依其約定為給付（民法第 548 條第 1 項參照）。但甲於乙未完成委任事務前行使終止權，因此，乙得否請求報酬，須依民法第 548 條第 2 項規定判斷。民法第 548 條第 2 項謂：「委任關係，因非可歸責於受任人之事由，於事務處理未完畢前已終止者，受任人得就其已處理之部分，請求報酬。」依此，須符合二項要件，受任人方得請求部分報酬：(1)委任關係於事務處理未完畢前終止；(2)契約終止係非可歸責於受任人之事由。

就本案例而言，乙受委任之事項包含遺產分割協議書、申報遺產稅及不動產登記，惟尚未完成不動產登記前，甲即終止委任契約，致委任關係於事務未處理完畢前消滅。但有疑問的是第二項要件，即甲終止契約是否基於可歸責於乙之事由，若甲終止契約僅因其對於乙之信賴關係不存，難謂屬於可歸責於乙之事由，但若如甲所稱，乙於處理委任事務上有違背誠信原則，導致甲與兄弟姊妹間橫生猜忌，則似可認為有可歸責於乙之事由致契約終止，準此，乙則不得依民法第 548 條第 2 項請求部分報酬。

二、文件返還請求權與報酬請求權間，不得主張同時履行抗辯

設若符合上述二項要件，乙則得就已處理之部分，即遺產分割協議書、申報遺產稅，請求甲給付報酬。依當事人之約定「核定書核定三天內支付 1/2，不動產過戶完成三十天內支付 1/2」，解釋上應可認為，此部分之報酬為約定報酬之 1/2，即一百萬元。惟對於甲應給付報酬之部分，得否以乙尚未返還之前交付之文件，而主張同時履行抗辯（民法第 264 條參照）？終

止委任契約後，受任人因委任契約所收受之所有權狀、印鑑證明、戶籍謄本等相關文件，於契約終止後，依法應予返還，但此為後契約之義務，與雙務契約之對待給付義務無涉，故甲之文件返還請求權與乙之報酬請求權間，不得主張同時履行抗辯。

三、「撤銷」委任是否即適用無因管理？

㈠我國學說

若甲得主張受詐欺而撤銷其與乙之委任契約，則甲乙間自始欠缺契約關係，乙為甲處理事務，即屬於無法律之原因，此時乙得否主張無因管理，不無疑問。其主要的問題在於委任契約之內容係為委任人處理事務，因此，自客觀要件而言，受任人所處理之事務屬於委任人之事務，要無疑問，但自主觀要件而言，受任人之所以處理委任人之事務，係為履行其與委任人間之委任契約，因此，係基於自己利益處理委任人之事務。然無因管理之主觀要件在認定上，通說均採從寬解釋，即為他人管理事務兼具有為自己之利益時，仍得成立無因管理[21]，是故，在委任契約無效或經撤銷之情形，似非絕無可能從寬認定而適用無因管理之規定。惟我國普遍否認適用無因管理之可能性[22]。

㈡比較法

德國實務則肯認得適用無因管理之規定[23]，但學說則因擔心不當得利之相關規定，如民法第 814 條對於善意受領人之保護、第 817 條後段關於違反公序良俗之給付免返還義務等規定，將因此無法適用而有不妥，因此，

---

[21] 王澤鑑，債法原理，2012 年 3 月 4 版，頁 379。

[22] 王澤鑑，註[21]，頁 380–381；鄭冠宇，民法債編總論，2015 年 9 月 1 版，頁 402。

[23] Z. B. BGH NJW 1963, 950; BGH NJW 1962, 2010; BGH NJW 1963, 950; BGH NJW 1968, 1324; BGH NJW 1988, 132; BGH NJW 1997, 47, 48; BGH NJW-RR 1989, 970; BGH NJW-RR 1993, 200.

解釋上並非因為此種情形不符合無因管理之成立要件，而應認為在契約無效或經撤銷之情形下，不當得利之規定為無因管理之特別規定，而應優先適用，較為妥適❷。瑞士則肯認適用無因管理之可能性❷。

　　若依我國普遍見解，則乙係基於遭撤銷之委任契約為甲處理事務，欠缺為甲管理之主觀意思，因此不適用無因管理，而應適用不當得利之規定，乙得向甲請求返還所得利益。再者，由於甲所獲得之利益為乙所提供之勞務，屬於民法第 181 條但書之「依其利益之性質或其他情形不能返還者」，因此，依此規定甲應償還勞務之價額。

肆、民法第 549 條第 2 項之損害賠償請求權

　　若甲係依民法第 549 條第 1 項規定終止委任契約，則應注意同條第 2 項之規定，即若於不利於他方之時期終止契約，終止契約之一方當事人應負損害賠償責任。依此，乙如因此受有損害，尚得向甲請求損害賠償。然乙因契約終止而不得請求之報酬，是否屬於民法第 549 條第 2 項規定之損害範圍，則有爭議。法院實務延續最高法院 62 年臺上字第 1846 號判決，認為本條之損害，係指不於此時終止，他方即可不受該項損害而言，非指當事人間原先約定之報酬。對此，學說則有肯定與否定見解，詳參前文，此處不贅述。

貳、法定消滅事由

一、消滅事由

　　依民法第 550 條規定：「委任關係，因當事人一方死亡、破產或喪失行為

---

❷　Seiler, in: Münchener Kommentar zum BGB, 2012 (6. Auflage), §677 Rn. 48.

❷　Weber, aaO. (Fn. 6), Art. 395 N 18.

能力而消滅。但契約另有訂定，或因委任事務之性質不能消滅者，不在此限。」其立法理由在於考量委任關係以信賴為依據，一方當事人死亡、破產或喪失行為能力時，除曾表示有委任契約不消滅之意思或因委任事務之性質將因契約消滅而生不當結果外，委任關係均應消滅，始符合該契約之性質❷❻。至於所謂契約另有訂定，應包含明示或默示之意思表示。

㈠死　亡

所謂死亡，應指自然人而言，包含自然死亡與宣告死亡（民法第 8 條參照）。至於法人，自條文用語而言，應不包含在內，但依民法第 40 條規定，法人至清算終結止，僅於清算之必要範圍內，視為存續，換言之，法人於解散後，雖仍存續至清算結束，惟此存續範圍係以清算必要為限。因此，自立法精神觀之，委任既著重於當事人間之信賴關係，則法人解散後自亦影響彼此間之信賴關係，解釋上應認為類推適用本條規定，使委任關係消滅❷❼。

此外，對於其他類似委任之無名契約關係，亦可類推適用，如最高法院 104 年度臺上字第 752 號判決：「因祭祀公業管理人之選任契約係類似委任之無名契約關係，參諸民法第五百五十條規定，管理人死亡後，委任關係即已消滅；祭祀公業之管理人係基於派下員之選任（委任）取得之管理權，因管理人之死亡而消滅，其管理人之身分非得由其法定繼承人繼受。」可資參考。

㈡破　產

破產係指債務人不能清償債務者，依破產法規定受破產宣告，以清理其債務。委任關係之當事人受破產宣告時，委任關係消滅。

---

❷❻　參見楊佳元，註❺，頁 101。
❷❼　林誠二，註❸，頁 265；邱聰智，註❸，頁 258。

㈢喪失行為能力

自條文文義可知，此係指完全喪失行為能力而言，即當事人之一方受監護宣告（民法第 15 條參照），而不包含限制行為能力之情形，如未成年而結婚者，因結婚而有完全行為能力（民法第 13 條第 3 項參照），嗣後其婚姻卻遭撤銷❷❽。若喪失行為能力者為委任人，則由監護人代為處理相關事務（民法第 1110 條參照），監護人如欲由原受任人繼續處理委任事務，則需再與其訂定委任契約；若喪失行為能力者為受任人，因其已無法就自己之事務為有效之法律行為，自亦不應使其得繼續處理委任事務，方屬妥當。其次，本條係以行為能力之有無為判斷依據，不涉及意思能力，因此，當事人之一方縱已心神喪失精神耗弱，但若未受監護宣告，則仍無本條之適用❷❾。

二、委任關係繼續之例外

民法第 550 條但書列舉二項例外情形，使委任關係繼續存在。

㈠契約另有訂定

若當事人有特約使委任關係繼續，基於私法自治原則，應以當事人之意願為優先。此之契約另有訂定，得於委任契約締結時，同時為之，亦得於委任契約締結後為之。基於此特約而繼續存在之委任關係中，當事人應仍得依民法第 549 條第 1 項規定隨時終止契約。

㈡委任事務之性質

基於委任事務之性質而不能消滅者，主要係因委任關係並非僅為委任人之利益，尚與受任人或第三人之利益有關，故為保障其他人之利益，不宜使委任關係消滅。例如受任人代收租金，以清償委任人對受任人或其他第三人

---

❷❽　邱聰智，註❸，頁 259；林誠二，註❸，頁 266。

❷❾　邱聰智，註❸，頁 259。

之債權，此時，為確保債權能因租金繼續收取而受清償，縱使委任人或受任人死亡，委任關係亦不應消滅❸。

㈢法律另有規定

如果法律有特別規定時，如民法第 546 條：「經理權或代辦權，不因商號所有人之死亡、破產或喪失行為能力而消滅。」或如民事訴訟法第 73 條：「訴訟代理權，不因本人死亡、破產或訴訟能力喪失而消滅；法定代理有變更者亦同。」又如信託法第 8 條：「信託關係不因委託人或受託人死亡、破產或喪失行為能力而消滅。但信託行為另有訂定者，不在此限。」則無民法第 550 條之適用，委任關係不因此消滅。

三、法律效果

當事人具有民法第 550 條所列舉之事由時，委任關係因此消滅，其效力與終止之效力相同，均為向將來發生效力，不具有溯及既往之效力。惟須注意的是委任與代理權授與屬於分別獨立之法律行為，因此，委任關係消滅，因之授與之代理權並未隨同消滅，而須個別判斷。

如最高法院 61 年臺上字第 2666 號判決謂：「委任他人處理事務（在本件係委任代辦調解事務），係發生債之關係之契約行為，代理權之授與則為使代理人（同時亦為受任人）取得代理權限之單獨行為，二者性質根本不同。前者，雖因當事人一方死亡而委任關係消滅，後者，因代理權之取得並非基於委任契約，縱委任人死亡，基於授權行為而取得之代理權，並不因而消滅。」於委任人死亡時，其授與受任人之代理權原則上亦應消滅，除非於委任契約中另有約定；或因委任事務之性質不能消滅委任關係，則授與之代理權亦不消滅（民法第 550 條但書參照）；或法律另有規定（民法第 564 條參照）❸。

---

❸　林誠二，註❸，頁 266；邱聰智，註❸，頁 216。

❸　施啟揚，民法總則，2011 年 10 月 8 版，頁 342；王澤鑑，註❷，頁 517–518。

　　至於委任人喪失行為能力時，其授與之代理權是否消滅，則有不同見解，有認為除另有法律規定者外，原則上應歸於消滅為妥❸❷；另有認為受任人之代理權不受影響，但其法定代理人得撤回該代理權❸❸。

　　此外，值得注意的是最高法院83年臺上字第982號判決，謂：「委任匯款契約之受任人黃炎山已於八十年六月十三日死亡，則委任關係因黃炎山之死亡而消滅。且黃炎山欲為被上訴人匯款而持有之二百七十二萬元既因委任關係消滅而無從履行，所持有該款項即為無法律上之原因而受利益，該利益應由其繼承人繼承，同時造成被上訴人之損害。」換言之，委任關係因委任人死亡而消滅，受任人基於處理委任事務所持有之金錢即失去法律原因，而成立不當得利，負有返還所得利益之義務。

四、繼續處理事務之義務

　　為確保委任人之權益不因委任關係消滅而受影響，民法第551條規定：「前條情形，如委任關係之消滅，有害於委任人利益之虞時，受任人或其繼承人或其法定代理人，於委任人或其繼承人或其法定代理人能接受委任事務前，應繼續處理其事務。」其立法理由為：「依前條（即第五五〇條）規定委任終止時，若有害於委任人之利益，當事人一方之受任人或其繼承人或法定代理人，應為他之一方繼續處理委任事務，否則委任終結委任人尚未接收之時，遇有必須處理之事務，受任人或其繼承人或法定代理人竟坐視不為處理，必致委任人之損害不可逆測。故設本條以彌縫其闕。❸❹」

㈠要　件

1.委任關係因法定事由而消滅

---

❸❷　施啟揚，註❷❶，頁342。

❸❸　王澤鑑，註❷❶，頁518。

❸❹　參見邱聰智，註❸，頁261–261，註❶❶❶。

自「前條情形」可知，本條係針對民法第 550 條之規定，因此僅限於委任關係因法定事由消滅之情形，而不包含任意終止之情形。

2.有害於委任人利益之虞

須委任人之利益有受損害之虞，例如委任關係因委任人死亡而消滅，委任人之繼承人尚無法及時親自處理相關事務，如旅居國外等，若受任人不繼續處理委任事務，可能造成委任人之繼承人之利益受損害。或如委任關係因受任人死亡而消滅，委任人若無法親自處理委任事務，則受任人之繼承人如不繼續處理相關事務，即可能造成委任人之利益受損害。

㈡法律性質

關於繼續處理事務之法律性質，雖有無因管理說與契約延長說之區別，但通說認為是委任契約之延長，理由在於本條之立法目的係為貫徹對於委任人之保護，因此規範受任人或其繼承人或其法定代理人負有繼續處理事物之義務，惟於繼續處理委任事務之時，亦當使其享有委任契約之權利，並得請求報酬，較為妥適，而不應適用無因管理之規定 ㉟。

㈢法律效果

於符合民法第 551 條之要件時，受任人或其繼承人或其法定代理人負有繼續處理事務之義務，該義務持續至於委任人或其繼承人或其法定代理人能接受委任事務時止，詳言之，係指依客觀情事判斷，自委任人或其繼承人或其法定代理人知悉或被通知時起至客觀上能接受委任事務之期間為止 ㊱。

五、擬制委任關係

此外，民法第 552 條規定:「委任關係消滅之事由，係由當事人之一方發

㉟　邱聰智，註❸，頁 262；楊佳元，註❺，頁 103；林誠二，註❸，頁 269。

㊱　邱聰智，註❸，頁 264。

生者，於他方知其事由或可得而知其事由前，委任關係視為存續。」以法律擬制委任關係存續。本條自文義觀之，其目的應在於保護雙方當事人之權益，但由於已有民法第 551 條規定，應足以保障委任人之權益，因此，本條之主要功能在於保障受任人，避免受任人善意不知消滅事由發生，仍繼續處理委任事務而受有損害，故限於委任關係消滅之事由係發生於一方當事人，如當事人之一方死亡、破產或喪失行為能力者。至於他方當事人之範圍，則有不同見解。有認為應僅包含委任人與受任人**❸**；有認為除委任人與受任人外，尚應包含繼承人與法定代理人**❸**。

案例 7-2

　　甲委託丙代為管理其部分現金與不動產之買賣、出租等事宜，並授與代理權。嗣後甲因出現精神障礙之情事，其配偶乙遂向法院申請監護宣告，由乙擔任其監護人。於甲受監護宣告之際，丙以甲名義將其位於○○路上之房屋出售於丁，並辦理所有權移轉登記。乙知悉此事後，認為出售該房屋有損於甲之利益。請說明乙應如何為甲救濟其權利。

說　明

壹、請求權基礎

一、甲得否向丁依民法第 767 條請求返還房屋？

㈠法律要件：

　1.甲為所有權人？（見貳）

　2.丁為無權占有或侵奪所有物者？

㈡法律效果：返還所有物

---

❸　邱聰智，註**❸**，頁 265。

❸　楊佳元，註**❺**，頁 105。

二、甲得否向丙依民法第 544 條請求損害賠償?

(一)法律要件：

　1.**委任契約（見貳）**

　2.受任人有可非議之行為：以下二項屬於擇一關係

　⑴處理委任事務有過失

　⑵逾越權限之行為

(二)法律效果：損害賠償

三、甲得否向丙依民法第 179 條請求返還所得利益?

(一)法律要件：

　1.一方受利益，他方受損害

　2.損益變動具有因果關係

　3.損益變動欠缺法律上之原因

(二)法律效果：返還所得利益

四、甲得否向丙依民法第 184 條第 1 項前段請求賠償損害?

(一)法律要件：

　1.加害行為

　2.權利受侵害

　3.二者間具有因果關係

　4.行為人具有故意或過失

　5.行為具有違法性

　6.行為人具有有責性

(二)法律效果：損害賠償

貳、委任契約與代理權之消滅

　　甲委託丙代為管理其部分現金與不動產之買賣、出租等事宜，其間之

契約關係應屬於委任。然嗣後甲因受監護宣告而喪失行為能力（民法第15條參照），而由其監護人為法定代理人，代為與代受意思表示（民法第1113條準用民法第1098條、民法第76條參照）。問題在於甲於受監護宣告前所為之委任契約與授與受任人代理權，其效力是否因甲受監護宣告而受影響。依民法第550條規定，委任關係因當事人一方喪失行為能力而消滅，因此，甲丙之委任關係向將來失去效力。甲丙之委任關係消滅後，丙所為之事務處理，乙僅得以甲之名義依不當利益與侵權行為等規定救濟，而無法再主張委任契約之規定。惟須注意民法第552條之規定，以保障受任人不知委任關係消滅之事由，而仍為委任事務之處理，故擬制委任關係於受任人知悉或可得而知前仍繼續存續。

至於代理權授與與委任契約屬於分別獨立之法律行為，因此，委任關係消滅，因之授與之代理權並未隨同消滅，而須個別判斷。於委任人喪失行為能力時，其授與之代理權是否消滅，容有爭議，有認為除另有法律規定者外，原則上應歸於消滅為妥；另有認為受任人之代理權不受影響，但其法定代理人得撤回該代理權。故甲授與丙之代理權是否因此消滅，端視採何項見解而有不同。若認為丙之代理權因甲受監護宣告而消滅，則丙以甲之名義與丁所為之債權行為與物權行為均屬於無權代理，須經法定代理人乙之同意，始生效力（民法第170條、第1113條準用民法第1098條、民法第76條參照）。然若認為丙之代理權不因甲受監護宣告而消滅，則丙以甲之名義與丁所為之債權行為與物權行為均屬於有權代理，丁因此取得系爭標的之所有權。

參考文獻

一、中　文

1. 王澤鑑，民法總則，2014 年 2 月 3 版。

2. 王澤鑑，債法原理，2012 年 3 月 4 版。

3. 王澤鑑，侵權行為法，2015 年 6 月 3 版。

4. 王澤鑑，民法概要，2017 年 3 月 4 版。

5. 王澤鑑，民法學說與判例研究(六)，1990 年 9 月 2 版。

6. 王千維，論可分債務、連帶債務與不真正連帶債務（下），中正大學法學集刊，第 8 期，2002 年 7 月，頁 3-66。

7. 王怡蘋，論德國法中契約對第三人之保護效力，法學叢刊，198 期，2005 年 4 月，頁 131-146。

8. 史尚寬，債法總論，1954 年 7 月 1 版。

9. 史尚寬，債法各論，1996 年 11 月 1 版。

10. 向明恩，前契約說明義務之形塑與界限——評基隆地方法院九十二年度訴字第 342 號民事判決，月旦法學，第 190 期，2011 年 3 月，頁 171-181。

11. 向明恩，德國締約上過失理論之發展，臺北大學法學論叢，70 期，2009 年 6 月，頁 1-79。

12. 林誠二，債編各論新解——體系化解說（中），2015 年 6 月 3 版。

13. 林誠二，民法債編各論（上），2007 年 3 月 2 版。

14. 林誠二，債法總論新解——體系化解說（上），2010 年 9 月 1 版。

15. 林誠二，債法總論新解——體系化解說（下），2013 年 2 月 2 版。

16. 林更盛，勞動契約與委任契約之區別——最高法院八十三年度臺上字第一〇一八號民事判決，月旦法學教室，103 期，2013 年 9 月，頁 9-11。

17. 林勳發主持，林建智、汪信君協同主持，保險契約法相關法律問題及其解

決對策，行政院金融監督管理委員會保險局 95 年度委託研究計畫案。

18.江朝國，保險法基礎理論，2012 年 3 月 5 版。

19.吳振吉、姜世明，醫師及醫療機構就債務不履行責任之法律關係——兼評最高法院 99 年度臺上字第 1055 號民事判決、臺灣高等法院 99 年度醫上更㈠字第 3 號民事判決，臺北大學法學論叢，第 86 期，2013 年 6 月，頁 1-50。

20.吳志正，醫療傷害賠償請求權之消滅時效，月旦法學，第 153 期，2008 年 1 月，頁 113-131。

21.吳志正，醫療契約之定性，月旦法學雜誌，第 139 期，2006 年 12 月，頁 200-214。

22.吳志正，解讀醫病關係I，2006 年 9 月 1 版。

23.李淑明，債法各論，2015 年 1 月 7 版。

24.施啟揚，民法總則，2011 年 10 月 8 版。

25.姚志明，誠信原則與附隨義務之研究，2004 年 9 月 1 版。

26.侯英泠，從德國法論醫師之契約上說明義務，月旦法學，第 112 期，2004 年 9 月，頁 9-23。

27.洪遜欣，中國民法總則，1978 年 11 月 2 版。

28.姜世明，律師民事責任論，2015 年 8 月 2 版。

29.姜世明，建築師民事責任之基本問題——以德國法制及我國實務見解回顧為觀察基礎，東吳法律學報，第 24 期第 1 卷，2012 年 7 月，頁 1-40。

30.孫森焱，民法債編總論（上），2008 年 8 月修訂 2 版。

31.孫森焱，民法債編總論（下），2007 年 9 月 2 版。

32.阮富枝，醫療行為之民事責任，法學叢刊，第 230 期，2013 年 4 月，頁 55-110。

33.黃茂榮，債法各論，2003 年 8 月 1 版。

34.黃茂榮，法學方法與現代民法，2009 年 8 月 6 版。

35.黃立主編，民法債編各論（下），2004 年 9 月 1 版。

36.邱聰智，新訂債法各論（中），2002 年 10 月 1 版。

37.邱琦，醫生沒有告訴我的話——論告知義務與不完全給付，月旦法學，第 164 期，2009 年 1 月，頁 37–50。

38.曾品傑，我國醫療民事責任之實務發展——兼論法國法對於我國實務之啟發，國立中正大學法學集刊，第 129 期，2010 年 4 月，頁 69–135。

39.曾泰源，不動產居間契約之研究，文化大學法律學研究所碩士論文，1991 年。

40.楊淑文，新型契約與消費者保護法，2006 年 4 月 2 版。

41.詹森林，民事法理與判例研究，1998 年 11 月 1 版。

42.陳聰富，醫療契約之法律關係（上），月旦法學教室，第 72 期，2008 年 10 月，頁 87–98。

43.陳自強，契約之內容與消滅，2016 年 3 月 3 版。

44.陳自強，契約違反與履行請求，2015 年 9 月 1 版。

45.陳自強，契約之成立與生效，2014 年 2 月 3 版。

46.陳自強，主給付義務以外其他義務違反之契約解除，東吳法律學報，第 23 卷第 4 期，2012 年 4 月，頁 43–88。

47.陳文清，非治療性醫學美容契約之研究，全國律師，第 13 卷第 11 期，2009 年 11 月，頁 87–100。

48.劉宏恩，律師我要怎麼付你錢? 律師酬金的倫理規範，月旦法學教室，145 期，2014 年 11 月，頁 36–38。

49.劉宏恩，律師可以「開除」當事人嗎? ——律師終止委任關係的專業倫理問題，月旦法學教室，第 115 期，2012 年 5 月，頁 39–41。

50.錢國成，民法判解研究，1966 年 7 月 2 版。

51.戴修瓚，民法債編各論（下），1964 年 3 月 1 版。

52.鄭玉波著，黃宗樂修訂，民法總則，2008 年 9 月 11 版。

53.鄭玉波著，陳榮隆修訂，民法債編總論，2002 年 6 月 2 版。

54.鄭玉波，民法債編各論（下），1990 年 1 月 12 版。

55.鄭冠宇，民法債編總論，2015 年 9 月 1 版。

56.簡佩如，不動產仲介法律問題研究，政治大學法律學研究所碩士論文，2003 年。

57.薛瑞元，醫療契約與告知義務，月旦法學，第 112 期，2004 年 9 月，頁 35–46。

58.蘇永欽編，民法研究㈣，2000 年 9 月 1 版。

二、德　文

1. Basler Kommentar Obligationenrecht I, 2015 (6. Auflage).

2. Münchener Kommentar zum BGB, 2016 (7. Aufl.).

3. Palandt Bürgerliches Gesetzbuch, 2004 (63. Auflage).

法學啟蒙叢書

◎ 代理關係　劉昭辰／著

　　本書企望能以十萬字的篇幅，透過生動活潑的講解方式及案例試舉，來呈現代理的法學理論。一方面希望可以讓學習者，避免因抽象的學術寫法而怯於學習；二方面也希望避免本書成為僅是抽象文字的堆積，而變成令人難以親近的學術著作。本書盡力對代理理論做最詳盡的解說，除期望可以提供初學者對於代理理論有更多的閱讀資料外，也冀望本書可以讓一般法律實務工作者樂於使用當中資料於實務工作中，以求充分發揮法律理論的學術功能性：將法律正義實踐於生活。

◎ 無因管理　林易典／著

　　本書之主要內容為解析無因管理規範之內涵，並檢討學說與實務對於相關問題之爭議與解釋。本書共分十三章：第一章為無因管理於民法體系中之地位，第二章為無因管理之體系與類型，第三章為無因管理規範之排除適用與準用，第四章至第六章為無因管理債之關係的成立要件，第七章為無因管理規範下權利義務的特徵，第八章至第十章為管理人之義務，第十一章為管理人之權利，第十二章為管理事務之承認，第十三章為非真正無因管理。期能使讀者在學說討論及實務工作上，能更精確掌握相關條文之規範意旨及適用，以解決實際法律問題。

◎ 物權基本原則　陳月端／著

　　本書主要係就民法物權編的共通性原理原則及其運用，加以完整介紹。民國九十六年、九十八年及九十九年三次的物權編修正及歷年來物權編考題，舉凡與通則章有關者，均是本書強調的重點。本書更將重點延伸至通則章的運用，以期讀者能將通則章的概括性規定，具體運用於其他各章的規定。本書包含基本概念的闡述、學說的介紹及實務見解的補充，讓讀者能見樹又見林；更透過實例，在基本觀念建立後，再悠遊於條文、學說及實務的法學世界中。

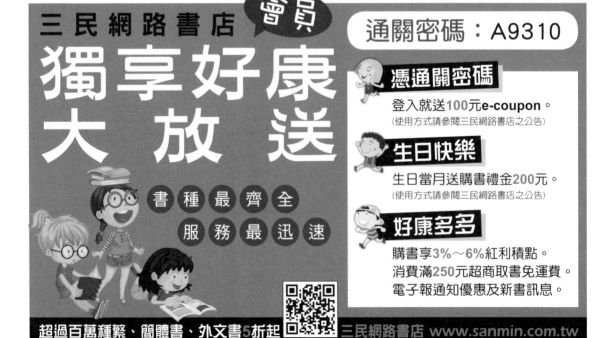